羊経済

製薬大リストラ

MR淘汰

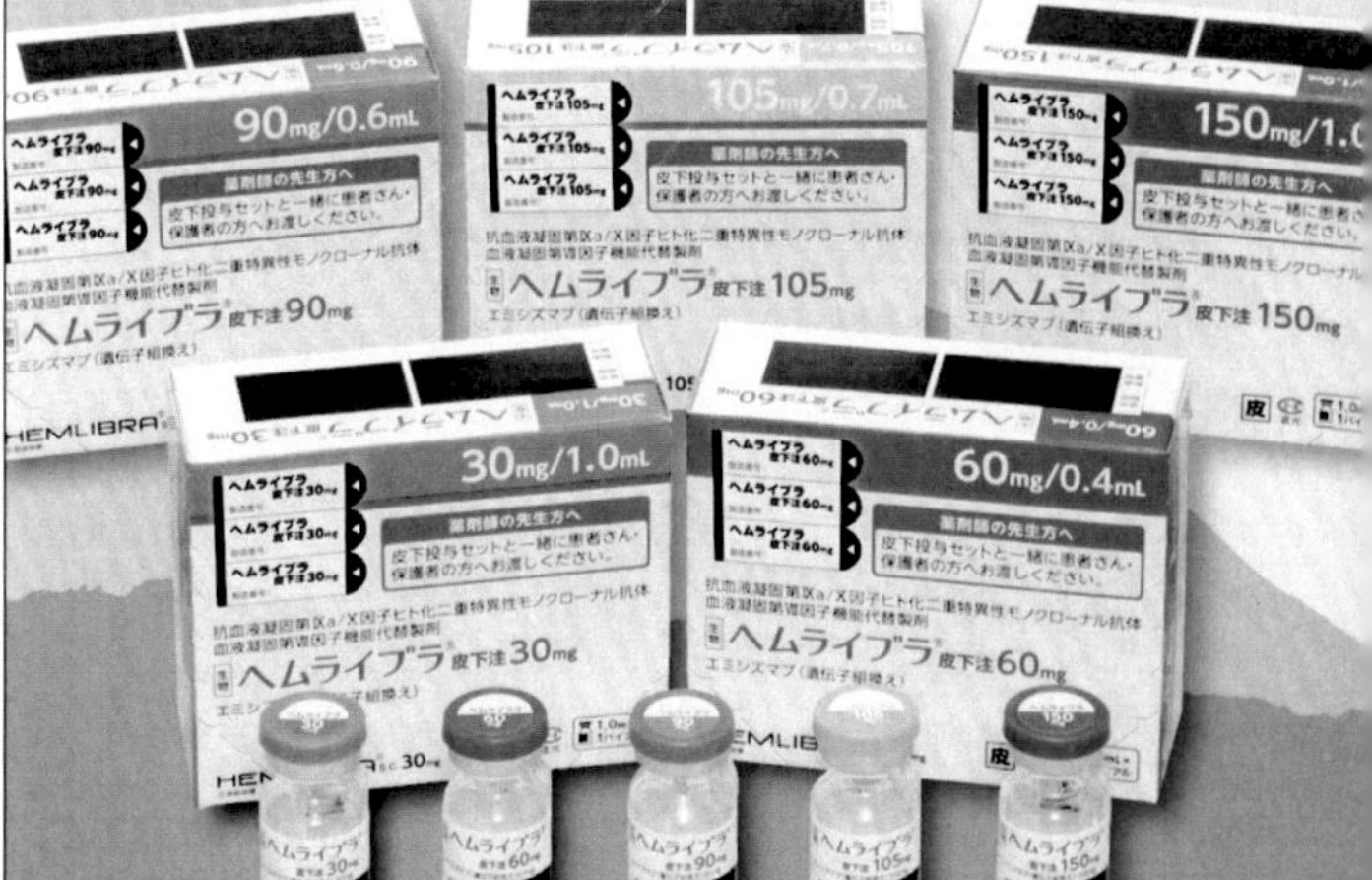

週刊東洋経済 eビジネス新書 No.369

製薬 大リストラ

本書は、東洋経済新報社刊『週刊東洋経済』2020年12月19日号より抜粋、加筆修正のうえ制作しています。情報は底本編集当時のものです。(標準読了時間 90分)

製薬　大リストラ　目次

・厳しさを増す製薬業界……1
・止まらないリストラの嵐……10
・INTERVIEW「MRにプラスの変化もある」（近澤洋平）……25
・【匿名誌上座談会】激変した営業現場　MRの本音が炸裂……27
・エムスリーが仕掛ける「MR君」のすごい営業力……35
・快進撃エムスリーを大解剖……42
・ニューノーマルの営業手法……47
・生き残るMR・淘汰されるMR……53
・研究職も例外じゃない！……57
・変わるMRの転職事情……61
・武田薬品　6兆円買収の通信簿……68
・INTERVIEW「国内投資を縮小するという発想はない」（岩崎真人）……80

・中外製薬　「時価総額1位」の必然……83
・INTERVIEW　「創薬研究に資源を集中する」（小坂達朗）……90
・第一三共　がん新薬で反転攻勢……93
・INTERVIEW　「ADCの〝次〟を出したい」（眞鍋　淳）……99
・アステラス　「次の柱」が足りない……101
・エーザイ　認知症薬「風前の灯」……106

厳しさを増す製薬業界

「今の半分になってもおかしくないかもしれない」。大手製薬会社のあるMR（医薬情報担当者）は危機感を覚えている。

「MR白書」によると、2019年度のMR数は5万7158人と、18年度に比べて2700人余り減った。ピークだった13年度からはおよそ1万人減っていて、6年連続で減少が続いている。しかも減少スピードは年々上昇。19年度の減少幅は過去最大となった。

受難
1

MR数の削減は止まらない

—MR数の推移—

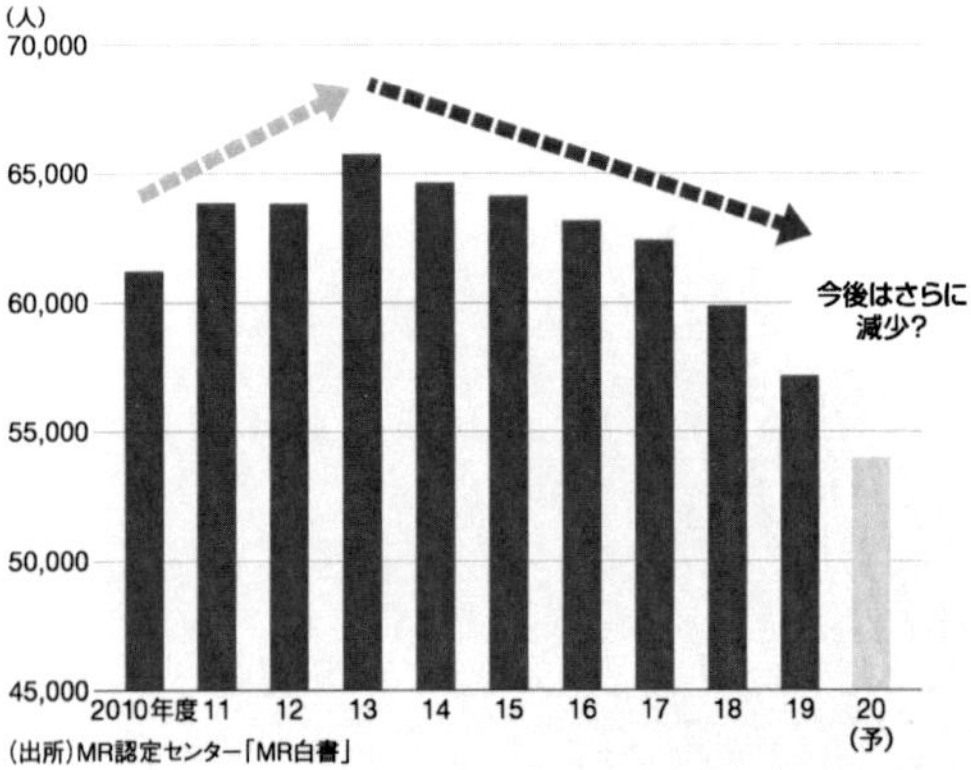

(出所)MR認定センター「MR白書」

MR（Medical Representative）は、担当の病院やクリニックに通い、自社製品を使ってもらうために、医師や薬剤師に営業をするのが仕事だ。第一三共や武田薬品工業といった国内大手クラスだと2000人以上のMRを抱えており、単体従業員の3分1以上を占めている。

MRはかなりの高収入職種だ。大手であれば40歳で年収1000万円超えは当たり前。福利厚生も充実している。しかし、製薬会社は営業部門の人員が負担になり始めている。

それが如実になったのが、2020年度の第2四半期決算だ。前年同期比の国内売上高は、武田が5％減、第一三共が4％減、アステラス製薬が21％減と総崩れの状況だ。海外事業を含めれば好調に見える会社であっても、国内の売り上げは厳しい。

むろん、2020年3月以降の新型コロナ禍という特殊事情を考慮する必要はある。だが医薬品ビジネスは、そもそもコロナの影響を受けづらい業種だ。中でも、大手製薬会社が扱う医薬品は、命に直結するものが多く、患者にとってはいわば必需品。コロナ禍で患者が医療機関に通う回数を減らしても、1回ごとの処方量を増やして使い続けることが多い。

強まる薬価引き下げの圧力

それでも医薬品の国内販売が減少したのには、コロナ以外の構造的な要因が影響している。

処方箋が必要な医療用医薬品は、国が薬の価格（薬価）を決める。その薬価が、医療費抑制のために強烈な引き下げ圧力にさらされているのだ。とくに18年度に決まった薬価制度の抜本改革のインパクトは大きかった。本当に画期的な新薬以外は、薬価の下落を防止するルールを適用しなくなった。また、特許切れ薬の薬価は容赦なく引き下げられることになった。特許が切れて後発品がある薬は、数量ベースでは後発品の割合が8割に達する。新薬メーカーにしてみれば、特許切れとともにすぐに自社の市場が侵食されることになる。

受難2 **特許が切れれば後発品がすぐ侵食**

―特許切れ薬の後発品割合―

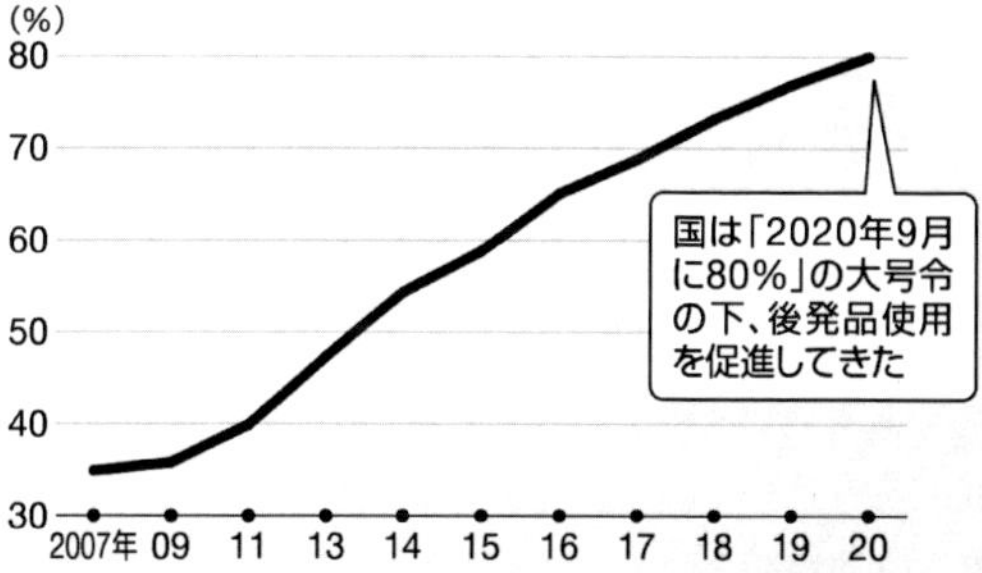

(注)数量ベース。各年9月時点　(出所)日本ジェネリック製薬協会

さらに、これまで薬価の改定は2年に1度だったが、21年度からは毎年行われる。21年以降、業界の収益環境は、加速度的に厳しさを増していくことが必至だ。

製薬会社は、「生き残るためには画期的な新薬を出し続けるしかない」状況に追い込まれているが、大型の新薬を生み出すのは年々難しくなっている。

それを示すデータがある。過去10年間で、1年間に生み出される新薬（新有効成分）のピーク時の予測売上高がおよそ半分になっているのだ。1年間に承認される新薬は35品目前後で横ばいが続く。つまり1製品当たりの売上高が縮小傾向にある。

受難
3

大型新薬は年々出づらくなっている

—各年度に承認された新薬の予測ピーク時の合計売上高—

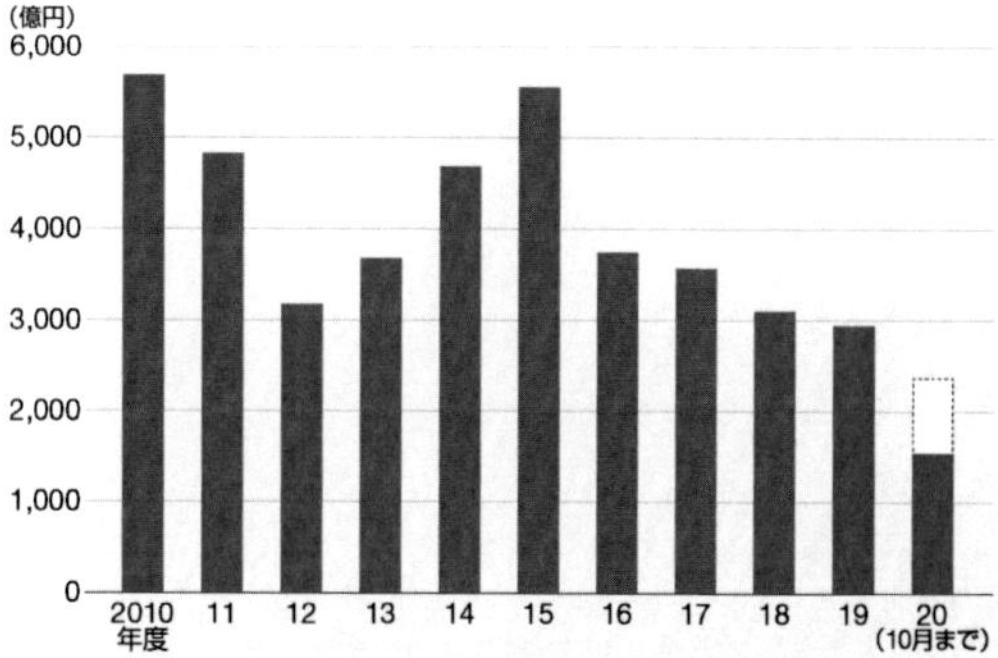

(注)新有効成分のみ。承認時の販売メーカーの予測。ワクチンは除く
(出所)医薬品医療機器総合機構、中央社会保険医療協議会、メーカーの発表資料

製薬会社は、10年ごろまでは糖尿病や高血圧など、患者数＝市場が大きい生活習慣病の薬に力を入れていた。ところがこうした薬は、開発にお金をかけても画期的な新薬はもう出にくい。そのため、各社は治療が難しい種類のがんや患者が少ない希少疾患などに、これまで以上に力を入れ始めている。

中堅の小野薬品工業が開発した「オプジーボ」は、大手製薬会社が二の足を踏み開発に着手しなかったがん免疫治療薬だが、中堅ならではのニッチ戦略で成功し、同社は業績を拡大させた。これまでの患者数が多い＝有望市場という開発戦略だけでは、製薬会社は生き残れないというのが共通認識だ。

ただし、仮に画期的な新薬を開発できたとしても、大きく育てるハードルは高くなっている。

薬の売り上げ規模が一定以上に達すると、自動的に薬価が見直される仕組みがあるからだ。「オプジーボ」はその対象になり、薬価は大幅に引き下げられた。

薬価の引き下げや後発品の台頭、大型新薬の開発難などがあっても、製薬会社は研究開発費を確保することが生き残るための必須条件となる。そうなると、効率化の白羽の矢が立つのは営業体制だ。構造変化の影響を大きく受けるのはＭＲなのである。

そこに起きた今回のコロナ禍。各社のＭＲが医療機関に張り付き、医師の勤務の空き時間に殺到する営業手法は、根本的に変革を迫られることになった。製薬に携わる関係者の多くは、「コロナ禍で製薬会社の経営陣はついに気がついたはず。２１年以降、営業体制に大ナタを振るう動きが慌ただしくなるだろう」と予想する。

風雲急を告げているＭＲの将来、製薬会社の苦闘を検証する。

（石阪友貴）

止まらないリストラの嵐

「今回のリストラで人が辞めすぎて、現場の雰囲気はとても悪くなっている。部署によっては人手が足りず、思うように営業ができていない」

国内製薬最大手の武田薬品工業は2020年8月、国内の営業部門を対象に希望退職者を募集した。同社のMRは、国内全体でおよそ2000人。会社側からの発表はないため詳細は不明ながら、今回500～600人程度が応募したのでは、という見方が社内で飛び交っている。であれば、各現場の3～4人に1人が会社を去った計算だ。同社に残った現役MRのA氏は、冒頭のように現状を語る。

募集が始まり全対象社員に行われた面談では、人によって、その内容や回数に大きな違いがあったという。武田の中堅MRのB氏は、「昔の上司の何人かから、辞めることなったと連絡が来た。私は形式的な面談2回だけで終わったが、40代後半から定年間際の人には5回以上の面談もざらにあった。『辞める』と言うまで繰り返されていたようだ」と話す。

武田側はこの希望退職を、「社会の環境変化が激しい中、これからも武田で働きたい人、そして、これまで学んだことを社外で生かそうと思っている人にも、会社として報いるため」(ジャパンファーマビジネスユニットの岩崎真人プレジデント)と説明するが、これを額面どおりに受け取るのは難しいだろう。

「生産性8倍」の号令

退職者が確定した11月、社内で組織の再編が行われた。新体制になってからの営業現場では、「生活習慣病(糖尿病や高血圧など)の領域の薬を担当するMRは、生産性を今までよりも上げろ!」という号令がかかっている。ある部署では、これまでの8倍の業務量をこなすよう指示を飛ばす上司もいるという。

武田の国内営業部門は、がんや精神疾患など、領域ごとに「ビジネスユニット」と呼ばれる部門で成り立っている。今回の再編の目玉は、ビジネスユニットの中でとくに規模が大きかった生活習慣病部門の縮小だった。再編によって、これまで全国に150以上あった営業所は7割減らされて50カ所になった。

希望退職者募集開始後の面談では、「年齢だけでなく、担当する薬の領域でも回数に差があった。がんや専門性の高い疾患の担当者は1回、生活習慣病担当者は2回かそれ以上がスタンダードだったようだ」と前出のB氏は話す。

生活習慣病担当のA氏は、「新体制では一人ひとりが担当するエリアが広大になり、営業に行く医師を絞り込まなければ、とても回りきることはできなくなった」と話す。

武田は、ビジネスユニットの中でも、これから市場の成長が見込める、がんや希少疾患など専門性の高い領域を強化していく方針を打ち出している。多くの人員を割いていた生活習慣病の薬は特許切れが近いものも多い。リストラも、この領域の縮小が念頭にあったとみられる。

製薬業界にとって、武田が大規模なリストラに踏み切った衝撃は大きい。

理由の1つは、その対象の広さ。リストラは業界にとっては珍しいことではないが、条件は45歳以上という場合が多い。武田は勤続3年、30歳以上という間口の広さで募集。「今までひとごとだと思っていたリストラが急に身近に迫ってきた感じがして、正直ゾッとした」（30代前半の国内製薬社員）というような声が少なくない。

もう1つは、武田が業界トップであること。「製薬は、横並び志向が強い業界。何においても変わるときは武田が最初、武田が動けばほかも動きやすくなる、という雰囲気がある」（製薬業界OB）。

不調でも好調でも削減

製薬会社のMRリストラ旋風が止まらない。ここ数年は、外資だけでなく国内系も大規模な人員リストラに踏み切っているのが特徴だ。業界の構造変化を受けたものだが、その背景には対照的な2つのパターンがある。

1つが、すぐにコストを圧縮しないと会社が立ち行かなくなるケース。その典型例が、中堅でＪＴ子会社の鳥居薬品が2019年に行った大規模なリストラだ。

同社は19年に、それまで主力だったＨＩＶ薬のライセンス権を提携先の米ギリアド社に返還せざるをえなくなり、業績が急速に悪化。主力薬の喪失という意味では、特許切れと似た境遇に陥った。前年の18年は、薬価制度の抜本改革が決まった年。まさに泣きっ面に蜂だった。同社の希望退職には281人が応じ、全社員の4人に1人が会社を去った。

「ある意味で、鳥居は業界の先行例だろう。どこの会社も、遅かれ早かれ人を減らさないと立ち行かなくなると思っているはず」と、とある製薬会社幹部は話す。

すでに特許が切れた薬は、今後薬価が切り下げられていくだけで未来はない。特にこうした薬への依存度が高い会社にとって、人員リストラは避けられない。

日本の医薬品市場はおよそ10兆円。医療系サイト運営会社・エムスリーによれば製薬会社は営業のために約1・7兆円のコストをかけており、そのほとんどはＭＲ関連の費用だ。会社にとって研究開発費の確保は生き残るために必須なだけに、コスト削減の余地としてＭＲの数の削減が検討対象になる。

■ 医師の情報源はネット、一方で製薬会社のコストはMR

—医師の情報収集時間と製薬会社の営業コスト—

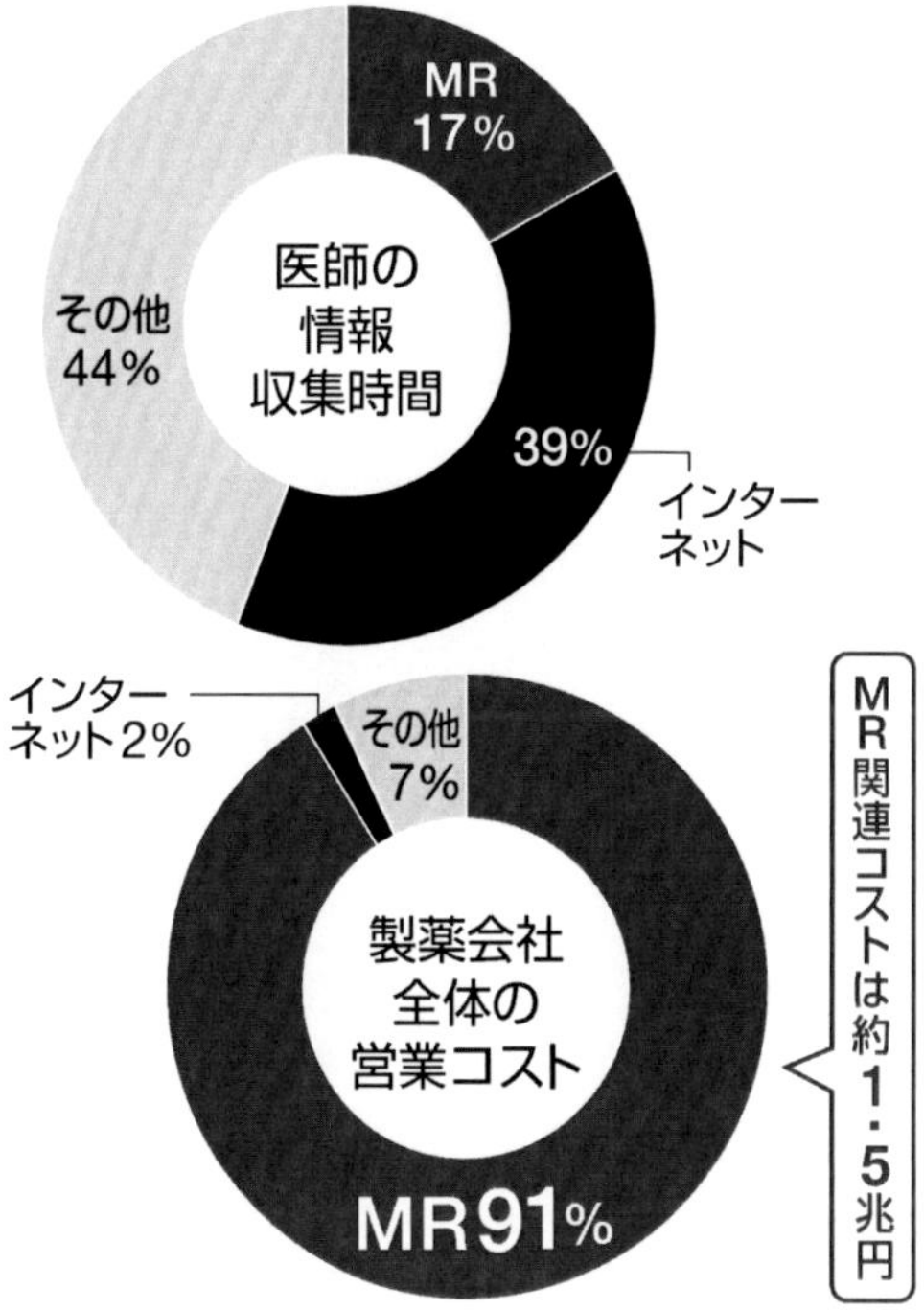

（注）その他は学会や研究会など　（出所）エムスリーの決算資料

一方、大手を中心に、業績が好調な中で人員リストラを敢行するパターンもある。19年にリストラを実施した中外製薬や協和キリンといったところは自社で生み出した新薬がまさに伸び盛り。業績には余裕がある。

だが、医薬品は、これまで中心だった生活習慣病からがんや希少疾患に成長市場が移り、製薬会社としても注力領域をシフトせざるをえなくなっている。売れ筋の薬であるほど、数少ない専門医にしか営業活動を行わなくなる。余裕のある今のうちに手を打っておきたい、ということなのだ。

大手企業で人員リストラが相次ぐ

実施年	企業名	退職人数
2017	大日本住友製薬	86
2018	サノフィ	200前後
	日本ベーリンガーインゲルハイム	不明
	大正製薬ホールディングス	948
2019	鳥居薬品	281
	中外製薬	172
	協和キリン	296
	アステラス製薬	700前後
	エーザイ	300
	ファイザー	不明
	ノバルティス ファーマ	不明
	MSD	200前後
2020	日本イーライリリー	不明
	武田薬品工業	500前後
	日本ケミファ	42

(注)大日本住友製薬は生産本部が対象
(出所)各社発表資料と取材を基に東洋経済作成

がんじがらめの10年

この10年間、MRを取り巻く環境は激変してきた。

2010年ごろまでは、多くの製薬会社が、市場の大きい生活習慣病の薬で熾烈なシェア争いを繰り広げていた。「MRの人数＝営業力」の時代で、各社は多数のMRを抱え、不動産や保険の営業経験者の中途採用を増やしていた。MRにとっては、自社製品の処方を獲得するため、1回でも多く医師に接触することが営業の王道だった。

「10年ごろは、医師への接待にクラブや料亭で半年間に300万円以上使っていた。新しい処方もカネを使うほど獲得できたし、社内でもどれだけたくさんカネを使えるかという雰囲気があった」と話すのは、国内大手の元MR。

だが、12年に転機が訪れる。こうした過剰接待が問題視され、業界の自主規制で禁止される。

さらに14年には、MRの活動にとってその後重大な影響を及ぼす事件が起きた。ノバルティス ファーマ社の高血圧治療薬「ディオバン」の臨床試験データが改ざんされ、同社の社員が薬事法違反（誇大広告）で罪に問われたのだ（一・二審無罪で検察が最高裁に上告）。「ディオバン事件」である。

この事件を契機に、厚生労働省はMRの活動内容の規制強化に乗り出した。19年4月からは、厚労省が策定した「販売情報提供ガイドライン」が施行された。

このガイドラインの内容を端的に言えば、現場のMRは本社が作った資料や薬の添付文書に書かれた内容以上のことは話せなくなった。ガイドラインを厳格に運用する会社では、現場で他社製品の名前を出すことすら禁じているケースもあるという。これで、MRが話せる内容はかなりの制限を受けることになった。

「治療に使う薬は1種類では完結しない。例えば、高血圧とリウマチを患っている人が、がんになったときに、どう治療すればいいのかを医師と一緒に考えられるのが仕事のやりがいだったのに、この規制でやりづらくなった。これではネット情報だけで十分ではないか」（中堅製薬会社のMR）

この10年間で、こうした規制だけでなくMRに対する医療機関側の姿勢も変わった。大病院を中心に、「立ち入り規制」を導入する医療機関が増え始めたのだ。これまでは事前のアポなしで訪問し、医局の廊下に立ち並び、医師を待ち構えて数分話すという営業スタイルが当たり前だった。だが立ち入り規制によって、こうしたスタイルは通用しなくなり始めた。

周囲の総合病院が軒並み訪問規制を強化していた19年に、都内で内科クリニックを開業した医師は、当時のことをこう話す。

「開業当初は、午前の診察時から4～5社のMRがずらっと並んでいて、話を聞いていたら90分の昼休みがなくなってしまった。有意義な情報ならまだしも、彼らは〝点数稼ぎ〟になればいいいと、どうでもよい世間話をしてくる」

製薬会社はMRに医師との面談回数をノルマとして課している。周辺の総合病院に行けなくなったため、自由に入れる付近のクリニックでノルマを稼ぐようになっていたのだ。この医師もその後、MRが訪問できる曜日を制限した。

判明した不都合な真実

MRの働きづらさが年々増していたタイミングで襲ったのが、今回のコロナ禍である。医療機関は感染予防のため外部からの訪問者を厳しく制限。以前からの訪問規制はこれを機に拍車がかかり一気に浸透、MRの活動量は激減した。「1日の業務が、医師にメールを数通送るだけの日も多かった」（外資系のMR）。大規模な病院ほど訪問規制が続いていた。

だがここで、MRにとって不都合な真実が浮かび上がる。活動は激減したのに対し、薬の売り上げはほとんど影響を受けなかったのだ。「〝不要論〟はともかくとして、これまでも〝過剰論〟は根強かった。コロナ禍では、それが正しい仮説なのだと図らずも証明されてしまった」（『MR進化論』などの著書がある瀬川融氏）。

武田がMRを中心とした人員リストラに踏み切ったことに、今回のコロナ禍が影響しているのは間違いないと社内では噂されている。「MRが活動していないのに、売り上げが変わらないことに業を煮やしたクリストフ・ウェバー社長自身がリストラを断行したようだ」（同社関係者）という声もある。

売り上げが変わらなかった要因の1つは、医師側がMRの訪問がなくなった分をネットからの情報取得で補ったことだ。「医療界のヤフー」とも呼ばれる、医師向けの情報サイト最大手「m3.com（エムスリー）」のアクセス数は、コロナ禍以降跳ね上がった。19年から販売情報提供ガイドラインが施行されていたことによって、MRが提供する情報が医療サイトより格段に優れているということはなくなっていた。

これまで、ネットでの情報提供は製品の認知度を上げる広告の役割を担うだけで、最終的に処方を決めてもらうのは対面のMRにしかできない、というのが業界内の常識だった。だが、実態はそうではなくなっている。医師が新規処方や処方回数を増やしたきっかけは、19年は59％がMRの直接面談だったのに対し、コロナ禍以降は31％と半減。一方でWebメディアの比率は倍増している。この1年でMRの存在感は薄くなり、最終的な医師の意思決定にまでオンラインが浸透しているのだ。

■ 医師にとってMRの影響力は低下した
—医師が新規処方や処方回数を増やすきっかけ—

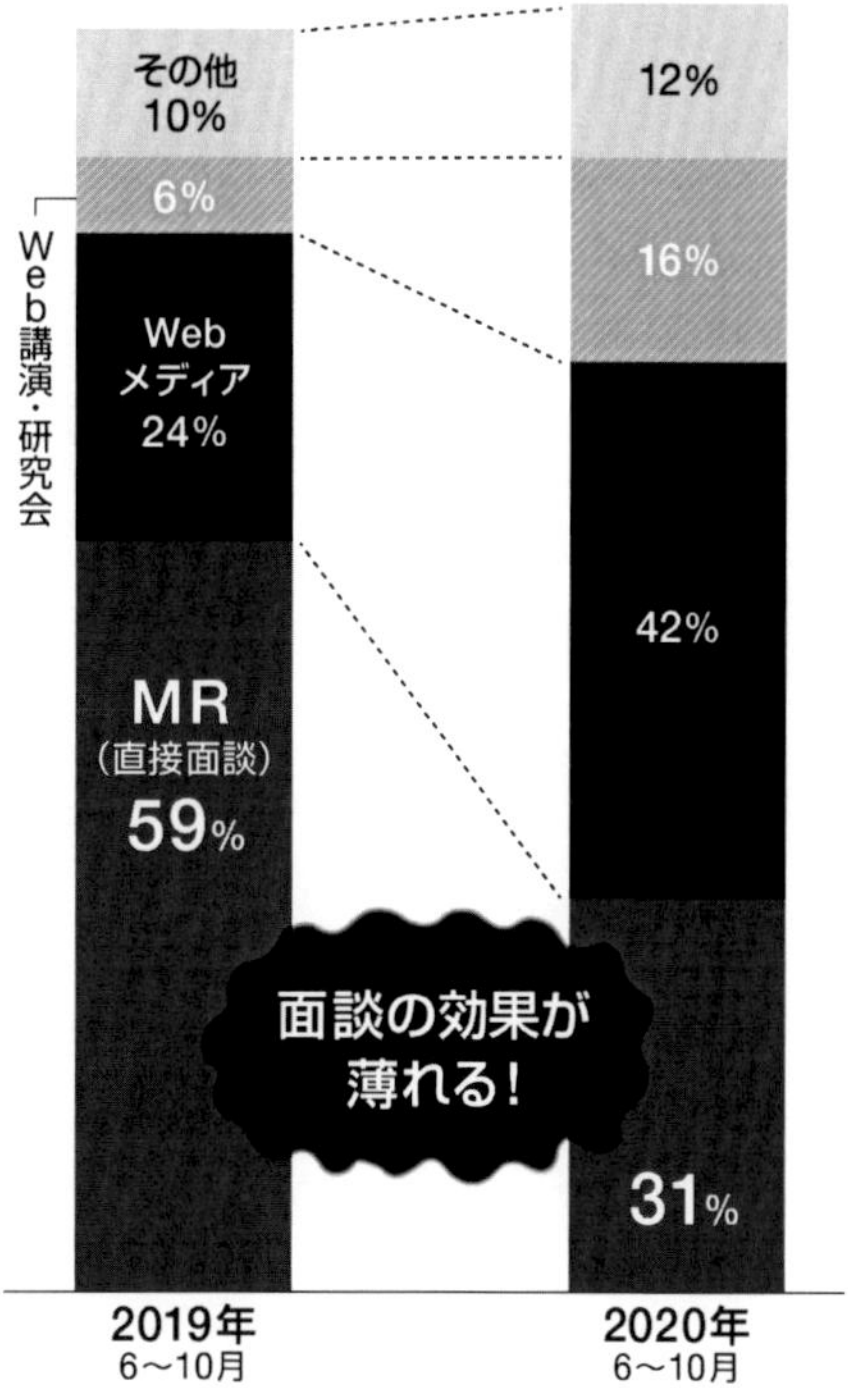

（注）Webメディアはエムスリー、ケアネット、メドピア、日経メディカルオンライン、メディカルトリビューン
（出所）医薬品情報調査会社エス・マックス

中外製薬の日高伸二営業本部長は、「コロナ禍で一気にデジタルでの情報提供が進んだ。今後、物によっては直接の訪問はせずにデジタルで情報を流すだけでいい製品も出てくるだろう」と話す。こう考え始めているのは同社だけに限らないはずだ。

また、日高営業本部長は「コロナ禍以降、できるMRとそうでないMRの差がわかりやすくなった」とも言う。医師と直接会えなくなった影響をリモート面談などでカバーできているMRはごく一部だ。しかもそのほとんどは、コロナ前から成績がよかったMRが担っている。

これも、コロナがあぶり出したMRにとっての不都合な真実であり、製薬会社にとっては「効率化の余地」なのかもしれない。リストラの嵐はまだまだ続きそうだ。

（石阪友貴）

INTERVIEW

「MRにプラスの変化もある」

公益財団法人MR認定センター　事務局長・近澤洋平

医療の現場では働き方改革が始まり、医師は限られた時間の中でMRとの面会の時間が取れなくなっている。さらにコロナ禍で医療機関の訪問規制が強化され、MRが活動できる場面が減ってきているのは事実だ。加えて医療の現場ではデジタル化が進み、情報を得る方法も多様化した。

だが、MRにとってプラスの変化も起きている。従来にはなかったような技術が生まれ、ここ数年で画期的な作用メカニズムを持つ医薬品が数多く登場してきた。こういった薬は副作用が大きいことが多い。今まで以上にMRは求められるはずだ。似たような薬がたくさんあった一昔前とは違い、医師も薬をどう治療に役立てればいいのか、情報を求めている。

能力向上は永遠の課題

新しい有効性や安全性のデータが出てこないような古い薬でも、日常的に誤った使い方をされている場合があるかもしれない。ネットで情報収集できるからといって実際にそうしているかどうかは別問題だ。そういう薬を担当しているMRにも存在価値はある。

不要論は1980年代初頭からある話だ。プロパー（プロパガンダ＝広告者の略）と呼ばれていた当時から、営業の仕方が不適切だと批判を浴びてきた。能力を高めなくてはならないのは、MRとしての永遠の課題だ。

（構成・石阪友貴）

近澤洋平（ちかざわ・ようへい）
1985年東京農工大農学部卒業。第一製薬（現第一三共）入社。都内でMRを経験。人事部を経て、2007年MR認定センターに入職。

匿名誌上座談会

激変した営業現場　MRの本音が炸裂

【A】内資大手・30代
【B】内資大手・40代
【C】外資大手・30代
【D】派遣MR・20代

製薬業界の環境が年々厳しくなる中でのコロナ禍。「MR不要論」が台頭している業界で当事者たちは何を思っているのか。4人の現役MRに話を聞いた。（個別取材を基に座談会形式で構成）。

――コロナ禍以降、業務はどのように変わりましたか?

【A】完全に在宅になった。それからは医師とのWeb面談の約束を取る工夫や、どうしたらメールで返事をもらえるのかといったノウハウの共有が始まった。ただ、そもそもメールアドレスを知らない担当医師が多かったのでリモート営業が始まった当初はどうしようもありませんでしたね。

医療機関に手紙を送り、そこにアドレスを書いてもらい、送り返してもらってメールを送るという非常にアナログな活動もしていたが、20年夏以降は会社からの指示も一変して、会えるならなるべく会いに行けということになっている。やはりリモート営業だけでは限界を感じている。

【B】自分の担当医師で連絡先を知っているのは2割ほどだったので、やはりリモートが始まってからは苦労した。同僚の中には、なるべく業務を効率化しようとして何年も前から医師のアドレスやLINEのIDを集めている人もいたが、そういう活動は個人の裁量次第で、会社としてはそれを評価するシステムになっていなかった。だから担当医師の連絡先なんて聞く必要がないと思っていたＭＲがほとんどだったんじゃないか。２０年4月以降に、担当医師のメールアドレスを集めろと大号令がかかって、がらっと変わった感じですね。

【Ｃ】皆さんと同じく私も在宅に。会社は在宅勤務に必要なシステムや医師とのＷｅｂ面談に使うツールを整えてくれたが、普段からやり取りしている医師とは電話やメールで十分だった。命に関わるような薬を扱っていたこともあって、新しい活動はほとんどできなかったけど売り上げは変わりませんでしたよ。

【Ａ】確かに、まったく医師に会えなくなって、その一部しかＷｅｂ面談に切り替わらなくても売り上げ成績はあまり変わらなかった。他社の営業もまともにできていなかったからかもしれないが。薬って、営業してもしなくても関係なく使われるんだなってつくづく感じた（笑）。

架空アドレスの入手報告

――すると、評価方法も変わったのでしょうか？

【A】うちはあまり変わってはいないが、医師からメールが返ってきた回数やＷｅｂ面談を行えた回数が、メインの評価項目になっている会社もあるようだ。ほかにも、医師のメールアドレスを手に入れた件数とか。連絡先を聞いてくるＭＲが急に増えて迷惑なので、医師の側は普段は見ない〝捨てアド〟を作って教えていると言っていた。逆に、アドレスが手に入れられないＭＲは自分で架空のアドレスを作って会社に報告していると聞きますね。

【D】評価項目はメールや手紙を送った回数とＷｅｂ面談の回数が中心になった。ただ、手紙なんてどこに送ったか関係なく完全に自己申告制。メールでも、新しい動画コンテンツが３つ出たとき、まとめて送ればいいものを「データ容量が大きすぎるので」とうそをついてわざと３回に分けて送っている。本当はそんな無駄なことしたくないけど、やり取りの回数さえ稼げば評価されますから。医師側が認めてくれていて行けば会える状況でも、評価はＷｅｂ面談の実施回数となっているので、オンラインで頼むようにしている。

――「MR不要論」についてどう思いますか？

【Ｂ】４月以降、医師のメールアドレスを取ってくるという活動が増えて、自社サイトへの登録案内活動をさせられていた。自社サイトに登録してもらえれば、製品情報を効率的に届けられるシステムになっているからだ。

個人的にはデジタル化が進めばＭＲはいずれ必要なくなるだろうなと思っていたが、本当にこうした営業のチャネルが増えればＭＲの出番はますます減るんでしょうね。会社としても、このままＭＲゼロでも成り立つ営業システムを構築しようとしているのではないかと勘繰ってしまう。

【Ａ】不要論に真っ向から反対するわけではないが、まずはもっと筋肉質にしてからじゃないか。とくにうちの場合、同じエリアに他メーカーの何倍もの人数をかけてカバーしている。はっきり言って無駄な人が多すぎ。

医師に聞いてみても、「不要論は言いすぎ」と感じている人がほとんどだ。講演会の情報や、開業医であれば周辺エリアの同業の状況など、医師だけではなかなか探しに行くことができない情報もありますから。

【D】私も無駄な人が多すぎると思う。発売して10年以上が経っているような、古い薬の営業を担当しているのだが、副作用も含めて新しいデータが出てくることはほとんどない。MRとして医師に新しく提供するネタがない。すると、医師との関係づくりにおいて、薬の説明会を開いて弁当を提供するくらいしかできない。自分でも、こんな仕事をしているMRは無駄だと思いますよ。同僚には、説明会の弁当を余分に頼んで、自分で食べているようなMRもいますしね。

【A】確かに、生活習慣病の領域を担当しているMRはほとんどの会社で将来厳しいだろう。薬の特許もどんどん切れていくし。

【C】私は、会社としてはある程度MRは必要だというのも理解できる。周りを見ているると、特許が切れた薬や競合薬が多い薬でも医師にそれなりに使ってもらえているのは、MRが頑張っているからだ。それに、医師だって全員が自ら情報を取りに行って薬をちゃんと使えるわけではない。

――実際に、業界ではMRを対象に人員リストラの流れが強まっていますが。

【D】怖い。薬剤師などの資格があればどうにかなるんだろうが、完全に先が見えない。

【C】今はがん領域の薬を担当している。医師に教えを請われたり、治療方針をディスカッションしたりする仕事で、今は楽しんでやっている。それに生活習慣病の薬と違い、市場が拡大していて業界的にMRのニーズが高い領域なので、今の会社が厳しくなってもほかの会社でがん領域のMRを続けていきたいと思っている。
業界的にそれも厳しくなってくれば、薬剤師の資格を持っているので最終的には地元に帰って薬剤師として働けばいいや、という感じだな。給料がだいぶ下がるのがネックだけど。

【A】私の周りでは退職が相次いでいる。確かに中には薬剤師の資格を持っている人もいるが、募集が限られているようで転職に苦労しているケースも見てきた。MRは給料も福利厚生も充実しているので、私はまだ転職する気はないな。

【B】私はもう転職を決めている。数年前からMRの未来は暗いと感じていたので、転職準備として会社には隠れて起業した。製薬会社の名前を出せば融資も受けやすかったですよ(笑)。完全に独立すれば年収はだいぶ落ちることになる。独身だからいいけれど、家族がいると大変かもしれない。

(構成・石阪友貴)

エムスリーが仕掛ける「ＭＲ君」のすごい営業力

コロナ禍でＭＲが苦難を強いられる中、勢いを増しているのが、医療系ＩＴ企業のエムスリーが提供している「ＭＲ君」だ。

ＭＲ君とは、エムスリーが運営する医療情報専門サイト「m3.com」上のサービスである。m3.com は各種の医療情報を提供するポータルサイト。ＭＲ君はサイトの中にあり、製薬企業が医師に対して、医薬品を中心とした医療関連情報を提供している。製薬企業はエムスリーに対し利用料を支払い、医師は無料でその情報が見られる仕組みだ。

製薬会社から収益を得るビジネスモデル —MR君の仕組み—

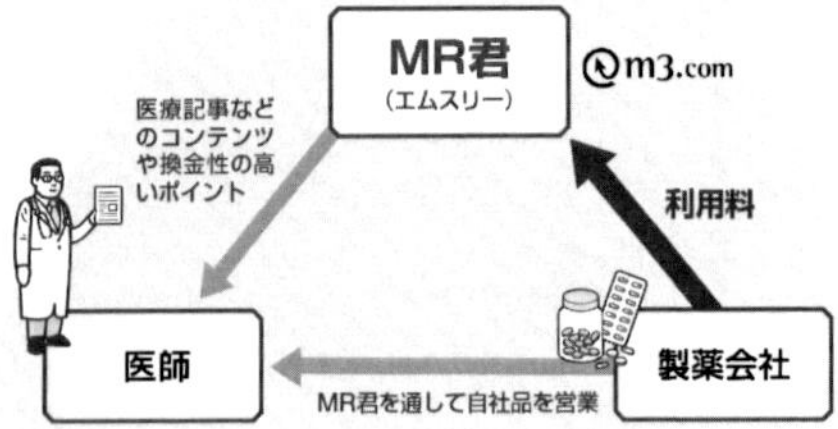

エムスリーは創業（当時はソネット・エムスリー）直後の2000年10月からMR君の提供を開始。19年度の時点で利用企業数は約70社、1社当たりの売上高は約5億円に上り、年間売上高は約300億円と推定される。この数年は、「MR君を知らない製薬企業の社員はいない」といわれるくらい、存在感が高まっていた。

そんな中、コロナ禍で、医療機関からのMRに対する訪問自粛要請が長期化し、MRが医師に対面で営業できる機会が激減。代替手段としてMR君の需要が急増した。その結果、MR君を中心とした製薬マーケティング支援事業の受注金額は、20年4〜9月に前年比2・5倍以上に拡大し、エムスリーも営業チームを倍近くに増員するなど攻勢をかけている。

MR君の最大の強みは、m3.comという強力なプラットフォーム上にあることだ。m3.comは、医療従事者だけが利用できる。日本の医師の9割に当たる約29万人が無料の会員登録をし、医師の間での利用率はグーグルを超え、ヤフーに次ぐ2位となっている。これを評して、「医療界のヤフー」とさえいわれている。

では、m3.comがそれほど医師を集められた理由は何か。都内の20代の医師は「ポイントをためるためにサイトを利用している」と話す。MR君でメッセージを開封したり、コンテンツを見たり、アンケートに答えたりすることでポイントが加算される。たまったポイントはアマゾンギフト券などに交換できる。

医師にとっては重要な情報インフラにもなっている。MR君だけでなく、ニュースや、学会、医師の転職、治験の情報、白衣など物品の購入、医師の掲示板など、多くのサービスが用意され、日常的な情報獲得手段になっている。コロナ禍では、新型コロナ関連のニュースを集中配信したり診療に関するウェブセミナーを開催したりしている。20年4~5月の緊急事態宣言下では、外来患者数が減少しインターネットで情報を収集する医師が増えたこともあり、20年4~9月のサイトアクセス数は前年比50%も増加した。

ITを活用することのメリットは、以前から業界でも認識されてはいた。業界関係者によると、製薬業界のデジタルトランスフォーメーションの動きは5年ほど前から始まっていた。エムスリーの谷村格社長は10月の決算説明会で「既存の顧客の（MR君）利用は拡大し、これまで利用に積極的でなかった企業も興味を持つようになった。経営層の意識が、デジタルをうまく使おうというふうに変わった」と話した。

製薬企業にとって、営業をデジタル化することはコストの抑制につながる。リアルのMRは、忙しい医師の空き時間に情報提供を行うことがほとんど。MRには膨大な待ち時間が生じ、情報の単価は上がってしまう。それに対し、MR君では製薬企業が一斉に配信した情報を、医師が都合のよい時間に確認。必要があれば問い合わせやウェブ面談などを行う。こうして、情報提供の単価は数十分の1に抑えることができる。

医師の関心事をつかめる

製薬企業ごとに統一化された情報を伝えられることもメリットだ。リアルのMRでは経験の差などによって提供される情報にばらつきが生じることがあった。

製薬企業のマーケティングのやり方も変わる。エムスリーの片山洋一業務執行役員は「リアルのMRが医師の求めている情報を知ろうとする場合、医師に情報提供を行ったときの反応をみて判断することもあった」と話す。

m3.comでは、ログ情報、メッセージを開封したかどうか、アンケートの回答情報などをリアルタイムで収集し、その医師にとってどのような情報が価値を持つのかなどのデータを分析している。細かなデータに基づき、より効率的なマーケティングにつなげることが可能だ。

医師のデータはリアルのＭＲの営業にも活用できる。事前に医師の興味分野を知っていれば、効果的なプレゼンテーションもしやすい。「ＭＲ君でカバーできない医師に対しても、このセグメントの医師にはこういうニーズがあるということが、蓄積されたデータから見えてくる」（片山氏）。

より個別性を高めたコンテンツを提供できるサービスとしてエムスリーが用意しているのが「ｍｙ ＭＲ君」だ。製薬企業のＭＲ自身が、ＭＲ君を利用して担当の医師にコンテンツを送り、直接コミュニケーションを取る。２０年４月以降、製薬企業からの需要が急激に増加している。

６月にはアステラス製薬が、自社の全ＭＲがｍｙ ＭＲ君を活用すると発表。８月には武田薬品工業がｍｙ ＭＲ君をベースとした「Ｔ－ＭＲ君」の導入を発表した。

「通常のＭＲ君と違って、実際の担当ＭＲが顔写真と名前付きでメッセージを送れるので医師に興味を持ってもらいやすい。自社のＷｅｂサイトでの集客には限界があるため、ｍｙ ＭＲ君の導入で時間を買ったというイメージだ」（武田薬品・ジャパンリージョナル＆ニューロサイエンスビジネスユニットの百合田剛史・営業戦略部長）。２０年９月時点では約３０社が導入済みか導入準備中だ。

ＭＲ君の長期的な成長余地は大きい。製薬会社がマーケティングにかける費用は総額２兆円弱とみられる。そのうち９割以上がＭＲ関連とされる。「将来的には生産性が改善され全体のコストは１兆円まで縮小し、そのうち２～３割がデジタル関連に使われるようになる」（谷村社長）。つまりは、製薬企業が従来のやり方のＭＲにかける費用はそれだけ縮小していく。ＭＲ君の存在感は無視できないものになっている。

（田中理瑛）

快進撃エムスリーを大解剖

2020年11月27日、エムスリーの時価総額が6兆円を突破した。6月2日に3兆円を超えてからわずか半年足らずで倍増した。IT関連では、Zホールディングス（ヤフー）や楽天、LINEを凌駕し、製薬業界では武田薬品工業をも上回る。

株価急騰の理由は、もちろん好調な業績と成長への期待だ。2000年の創業以来業績は右肩上がりで、売上高はこの10年で11倍になった。20年度第2四半期決算は、売上高が前年同期比22%増の750億円、営業利益が同45%増の239億円となった。UBS証券の小池幸弘アナリストは、「デジタル化を進める製薬会社のニーズをうまく捉えている。株式市場の予測を上回る成長が続いている」と話す。

エムスリーは、マッキンゼー・アンド・カンパニーのパートナーだった谷村格氏が、クライアントだったソニー子会社のソネットの出資を得て設立した。設立時は「ソネット・エムスリー」で、2010年に現社名に変更した。

創業当初から狙っていたのは、医療業界のリアルでの業務を代替するインターネット上のサービスを提供すること。その代表例が、創業の1カ月後に提供を開始した「MR君」だ。MRが医療機関に訪問して行っていた医薬品情報の提供を、ネット上で行えるようにすることで、MRの業務を効率化した。

19年度のMR君を含むメディカルプラットフォーム部門のセグメント利益は連結営業利益343億円のうち約6割を占める。同部門の増収率は前期比24%、セグメント利益の伸び率は25%にもなっている。それを牽引するのが同部門の中核事業であり、利益率が50%前後とも試算されるMR君である。

エムスリーの強みは、インターネット上に医師のプラットフォームを作り上げたことだ。日本の医師の9割に当たる約29万人がウェブ上に登録している。

2002年にウェブエムディから、03年にソニーコミュニケーションネットワークから、それぞれの医療情報サイトを譲り受け、それらを「m3.com」として統合した。m3.com上には、医師限定のコミュニティーサイトや医療情報、学会情報などが用意されている。そしてサイトには、高額所得者である医師をターゲットにした、自動車、不動産、旅行、高級レストランなどの消費関連企業が多くの広告を出している。

エムスリーは臨床試験（治験）でも業容を拡大している。11年に提供を開始した「治験君」は、m3.com上で、患者の情報を保有する医師と、新薬の開発に向け治験に参加する患者を探している製薬会社をマッチングさせる仕組み。治験コーディネーターが病院を1件ずつ訪問して行っていた患者発掘の手間を軽減した。

加えて、治験の実施状況のモニタリングなどを行うCRO（医薬品開発業務受託機関）や、治験業務の運営やデータの管理を行うSMO（治験施設支援機関）などの事業もグループ会社で担い、治験の工程全体を効率化した。治験期間の短縮は製薬企業のコスト削減につながり、治験事業はMR君に続く第2の柱に成長している。

エムスリーの成長戦略にとって欠かせないのがM&Aによる拡大策だ。治験事業では、治験の専門職を抱えるメビックスやMICメディカル、メディサイエンスプランニングといったCRO、SMO企業などを相次いで買収してきた。

医師、薬剤師の転職支援をするキャリア事業では、09年にエス・エム・エスから、医療従事者の人材紹介事業を買い取り、エムスリーの転職情報サイトと統合し、エムスリーキャリアを設立した。

M&Aで業容を拡大してきた
―エムスリーの沿革と主なM&A―

2000年	9月	ソネット・エムスリー設立
	10月	「MR君」サービス開始
02年	3月	ウェブエムディから医療情報サイトを譲受
03年	1月	ソニーコミュニケーションネットワーク（現ソニーネットワークコミュニケーションズ）から医療情報サイトを譲受
	7月	2つの医療情報サイトを統合、「m3.com」の運営を開始
04年	9月	東京証券取引所マザーズ市場に上場
05年	6月	韓国の医療情報サイトを子会社化
06年	6月	米国の医療情報サイトを子会社化
07年	3月	東証1部へ市場を変更
09年	4月	医薬品開発業務受託機関（CRO）のメビックスにTOBを実施、子会社化
	12月	医療系人材サービスのエス・エム・エスと共同で医師・薬剤師向け求人広告、人材紹介事業のエムスリーキャリアを設立
10年	1月	商号をエムスリーに変更
	11月	英国市場調査会社のEMSを子会社化
12年	8月	治験業務支援のMICメディカルを子会社化
	10月	電子カルテを開発するシィ・エム・エスを子会社化
13年	11月	中国で医師向けポータルサイトを運営する北京金葉天盛科技の関係会社を子会社化
14年	2月	治験業務支援のメディサイエンスプラニングを子会社化
	10月	メディサイエンスプラニングのCSO（医薬品販売業務受託機関）事業を分社化し、エムスリーマーケティングを設立
16年	1月	病院検索サイトを運営するQLifeを子会社化
	11月	欧州の医薬品情報データベース関連事業のVidal Groupの関係会社を子会社化

今後はシナジーを重視

エムスリーが現在、強化しているのが、事業間のシナジーを生み出すことだ。対象とする市場を医薬品のマーケティングのみにとどめず医療全般へ拡大し、疾患や医療課題の解決を軸にサービスを拡充したり組み合わせたりする。

例えば、20年3月に脊髄損傷の治療薬を開発する創薬ベンチャーと資本提携した。この提携では、治療薬発売後のマーケティングだけでなく、薬事戦略の立案から治験君による治験参加者の発掘までを支援。さらには患者退院後のリハビリサービスまでを提供する。

谷村社長は創業する直前、ヘルスケアとITが融合した世界を展望する論文をまとめている。そこでは、「ヘルスケアシステムの変革には、システム全体を統合する、システムインテグレーターが求められるようになってくるだろう」と予測している。各事業のシナジーをどう実現するか。それがより一層の成長を左右することになる。

（田中理瑛）

ニューノーマルの営業手法

新型コロナ禍で、医療機関にＭＲが足を運ぶこれまでの営業スタイルは通用しなくなった。

次のグラフは、医師が製薬会社の製品情報をどの経路で入手したか、その回数の推移をグラフにしたものだ。医薬品情報調査会社のエス・マックスが全国の１２００人の医師を対象にＷｅｂアンケート調査を行い、全国の状況を推計。２０年３月以降はＭＲの直接訪問が激減しオンラインに置き換わっていることがわかる。

MRの訪問は激減した ―週ごとの医師との接触の推計―

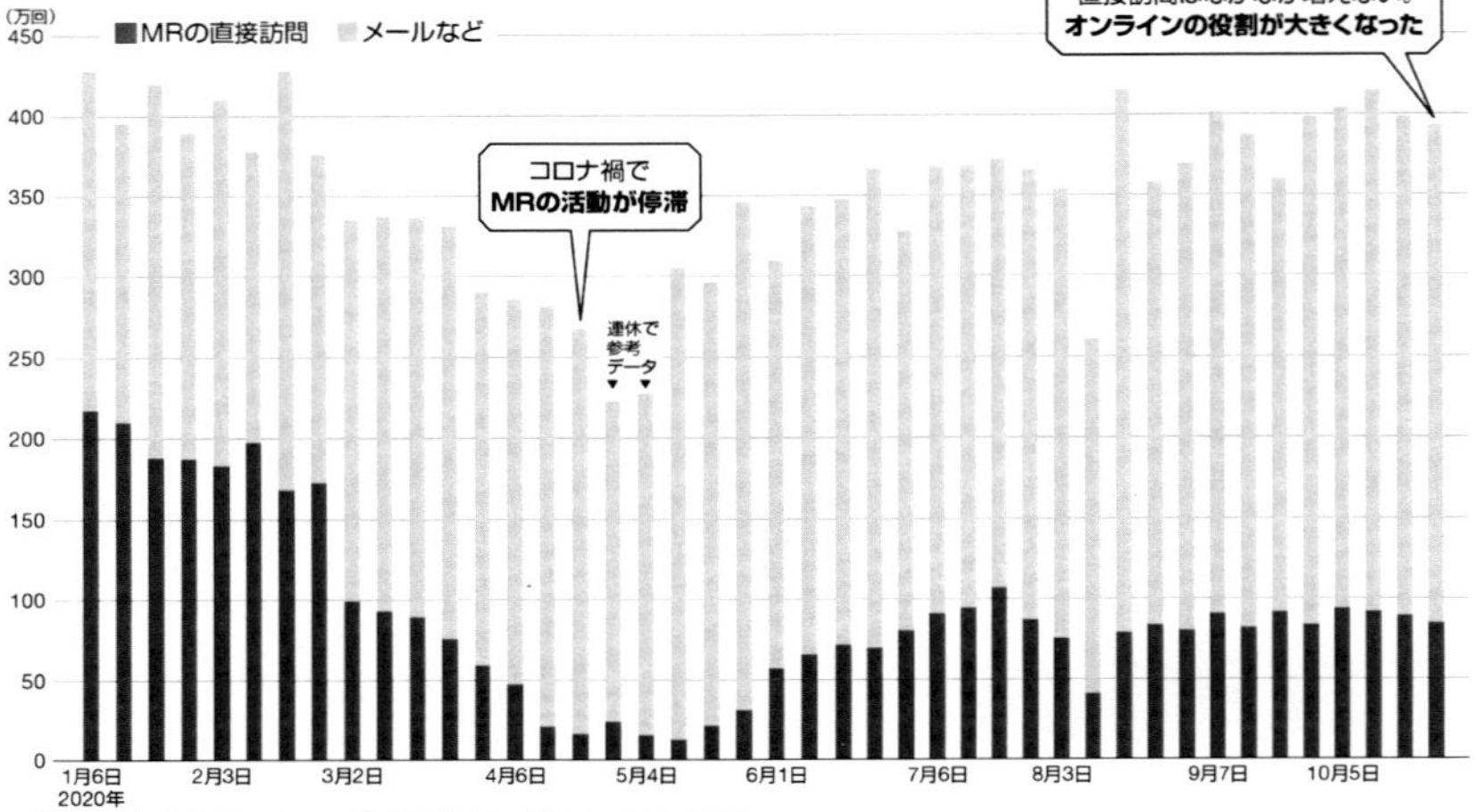

(注)「メールなど」は医療情報サービスとWeb講演会、製薬会社の自社サイト、ズーム会議を含む
(出所)データ調査会社エス・マックスが全国の医師約1200人を対象にMRの活動状況をWebでヒアリングし、全国のMRの活動状況を推計した

だが現状では、医師に対してのメール送信や、医療情報サイト経由の広告配信にとどまっている。より医師の気を引こうと、製薬各社はニューノーマル時代の営業のあり方を模索し始めている。

国内中堅製薬会社の大日本住友製薬が導入したのが、自社で作り上げたバーチャルキャラクターを使った、「VMR」（バーチャルMR）による営業だ。

20年3月から、バーチャルMRが製品説明をする動画コンテンツを自社サイトにアップし始めた。「ユーチューブ上で、生身の人間ではなくキャラクターを使って活動するVチューバーが人気になり始めたこともあり、構想自体は19年からあった」と大日本住友のマーテック戦略推進室の横田京一室長は話す。

歴史好きバーチャルMR

バーチャルMRには女性1人、男性2人の計3人のキャラクターがいる。中でも人気なのが女性バーチャルMRの「日高美久」だ。歴史好きな設定で、5分ほどの短い動画の中で、織田信長が糖尿病だったことなどを引き合いに出しながら薬の情報提供を行っている。糖尿病薬は、もちろん大日本住友が強みを持つ疾患領域だ。

「バーチャルMRなら、歴史上の人物を題材に病気を解説できる。普段MRがなかなか説明できないような内容までコンテンツに盛り込める。賛否両論はあるが、一部にはファンになってくれている医師もおり、メリットのほうが大きい」と横田室長は話す。

当初は自社サイトのみでの展開だったが、現在は医師が医療情報を得るためにアクセスするさまざまなサイトにバーチャルMRのコンテンツを掲載し始め、認知度も徐々に上がってきているという。

武田薬品工業は、12月に発売された小児科向けのてんかん薬の新製品でリモート専任のMRを導入した。6人と規模は小さいものの、背景にあるのは医師7000人への大規模なアンケート調査だ。

武田がMRの活動を全面在宅勤務に切り替えたのは2月中旬と、業界では最も早かった。以降、MRの活動は激減。実際の面談はもちろんのこと、メールやオンライン面談などを含めた医師へのアプローチの回数は通常時に比べ9割ほど減った。「対面以外の営業方法にはノウハウが何もなく、活動を停止したのに近かった」(ジャパンリージョナル&ニューロサイエンスビジネスユニットの百合田剛史・営業戦略部長）。

その後、医師へどうアプローチするかは、がんや精神神経疾患など製品領域ごとに分かれた部門それぞれで取り組んでいた。だが8月には全体の活動を取りまとめる組織を立ち上げる。そこでまず行ったのが7000人の医師へのアンケート調査だった。このアンケートでは、年齢や担当領域などの医師の属性と、リモート面談やオンラインでの情報提供に対する意識を把握するのが目的だった。

そこで見えてきた1つの傾向が、「小児科の先生にはリモートでの情報提供を希望する方が比較的多かった」（百合田氏）ということ。さらに、新製品のてんかん薬では処方する小児科医師が1000人程度と少なく、全国に散らばっていた。訪問規制が続く中で、実際にMRを展開するのは非効率なため、リモート専任MRの導入に至った。

LINEで連絡

MRが医療機関を訪問できなくなった際、営業現場で「担当医師の連絡先を手に入れろ！」という大号令がかかった製薬会社は少なくない。これまでの営業はアポなしの直接訪問がほとんどで、担当医師の連絡先を知らないというMRも多かったからだ。医師側からすれば、突然各社のMRからのメール攻勢が始まる。医師のメールボックスは普段の5〜10倍のメールであふれる状況が起きていた。「相手の医師がそもそもこちらの連絡に気がついていないことも多かった」（中外製薬の日高伸二・営業本部長）。

そこで中外製薬が現場のMR全員に導入したのが、ビジネス向けLINEの「LINE WORKS」だ。LINEは国内8000万人以上のユーザーがいる、言わずと知れたメッセージアプリ。医師個人のアカウントとつなげ、直接やり取りできる態勢を整えた。

「〝既読〟が付くのは大きいし、面談のアポ取りもはるかにしやすくなった」（日高営業本部長）と手応えを語る。ただ、11月末時点で、LINEでつながっている医師はまだ1300人ほど。カバーしている数万人の医師のごく一部である。

ニューノーマル時代の営業では、これからも各社の試行錯誤が続く。

（石阪友貴）

生き残るMR・淘汰されるMR

瀬川　融

医薬品業界で強くささやかれるようになった「MR不要論」。MRの中には、不安を感じている人もいるかもしれない。しかし、MRは適正な数まで減ることはあってもゼロにはならない。MRのサバイバル競争が激化する中で、生き抜くために必要な心がけとスキルは何か。

MRに必要な大切な心がけは、「患者さんのため、日本の医療のために働いている」ことを自覚し、誇りを持つことだ。製薬会社の社員の給料は、国民からの社会保険料と税金から出ており、MR職は薬の適正使用を推進する大切な役割を果たしている。自社製品の売り上げを伸ばし、その利益を研究開発に回すことで、さらなる新薬を別の患者に届けることもできる。

誇りとプライドがあればポジティブな思考にもつながるはず。先行きに過剰な心配をしたり、自信をなくしたりすることなく、落ち着いて仕事に取り組めるはずだ。自分は担当製品のプロフェッショナルだというプライドを持ち、顧客との面会回数を増やし、一つひとつの面談の質を上げる。ドクターからの信頼が厚いMRは、製薬会社は決して手放さないだろう。

単なるハウツーを学ぶのではなく、自ら考える力を養い、マネジメント思考を育むことがスキルアップの王道だが、これは中長期的な目標。誰でも今すぐにできること、今すぐやれば差をつけられる行動を3つ紹介してみよう。

差をつけられるのは時間

1つ目は文章力の向上だ。新型コロナウイルスはMRの働き方にパラダイムシフトをもたらした。医療機関を訪問できなくなり、バーチャルでの面会が当たり前になった。そこで、短く簡潔でわかりやすい文章はライバルのMRと差別化できるポイントだ。正しい敬語を用い、相手の心を動かす言葉を操る能力も重要になっている。

次に、メールを書くときには、何の案件かを具体的に記述したり、文章をだらだらと書くのではなく箇条書きにしたりするなど、相手に伝わりやすい工夫が必要だ。

3つ目としてウェブ会議システムなどの新しいツールに精通していることがポイントだ。医師のオンライン集会を開催し、そのビデオを編集してオンデマンドで共有するなど、デジタル機器やアプリを自由自在に扱えることは大きなアドバンテージになる。

さらに、バーチャルがゆえに俊敏に対応するフットワークの軽さも注目されるようになったスキルの1つだ。メールは読んだらその場で返信する、依頼された案件は締め切り日を待たずに対応するなど、これまで以上に対応時間の短縮が求められる。バーチャル化で空間の距離がなくなった今、差をつけられるのは時間だからだ。

逆に、どのようなMRが淘汰されるのか。経営者の立場から考えると、売り上げを達成できないMRは必要でない。また、組織の中で不平不満をまき散らし、周りに悪影響を与えるMRもいらない。法律やルールに疎く、コンプライアンスを意識しないMRは、企業と医療機関の双方にとってリスクが大きいと判断される。

先が読めない変革期においては、自ら考え、将来を見極め、自分で道を切り開いていくしかない。新たな状況下で自分に何ができるかを考えるべきだ。ポジティブ思考に切り替えて前に進もう。

瀬川　融（せがわ・とおる）
早大人間科学部卒、米クレアモント大学院大学ドラッカースクール修了（MBA）。外資系製薬会社でMR、人事、マーケティング、組織風土改革などに従事。著書に『MRサバイバル』『MR進化論』など。

研究職も例外じゃない!

製薬会社の研究部門にも、MRと同様にリストラの不安はある。新薬の開発では、どの疾患をターゲットにするか、どんな作用メカニズムの薬を作るかで、さまざまな選択肢がある。会社の経営環境やライバル会社の動向によっても戦略は変わる。

2000年代に入り、医薬品業界では創薬研究の主戦場が、化学合成で作る低分子化合物の薬から、生物・細胞の働きを利用して作るバイオ医薬品に移り変わってきた。

中堅製薬会社で低分子化合物の創薬研究をしてきたAさん（30代前半）は20年4月、国立大学が出資するバイオベンチャーに転職した。勤めていた企業で研究方針が変わり、Aさんが従事していた低分子創薬への投資は大幅に縮小されることになったからだ。

Aさんは転職時のことをこう話す。「大手は投資する領域を抗体医薬に絞っているため、低分子創薬の求人は本当に少なく苦労した。同じ時期に転職活動をしていた、同じ研究領域の知り合いとは、応募先がほぼ丸かぶりだった」。

現在、バイオ医薬品の中でも大手がとくに研究開発への投資に力を入れているのは、抗体医薬と呼ばれる領域だ。一方で、バイオベンチャーを中心に、抗体医薬の次の主流になることを狙った創薬技術の研究も進んでいる。核酸医薬や中分子医薬、ペプチド医薬と呼ばれるタイプだ。

次世代型の医薬品では、低分子のような化学合成のノウハウを生かす余地がある。そのためAさんの転職先のような、こうした研究領域のベンチャーでは、「大手で低分子の研究が隆盛だった時期に入社した40代から50代の低分子の研究者が、ここ数年の早期退職で転職してきているケースをよく見る」（Aさん）という。

MSLへの転身も選択肢

大手の中には、国内の研究所を大幅に縮小したケースがある。武田薬品工業だ。約1500億円をかけ2011年に神奈川県藤沢市に湘南研究所を開設したが、後に研究の本拠地を米ボストンに移し、18年までに湘南での研究を大幅に整理。多くの研究所員がリストラの憂き目に遭った。ある国内系製薬会社の首脳は「このときに武田を辞めた優秀な研究者を何人も採用することができた」と話す。

こうした研究職の大きな動きは最近ではあまり見られないというが、求人のトレンドはある。「やはりバイオ分野の引き合いは強い。とくにがん領域の研究者の募集は多い」(「製薬オンライン」などの転職サイトを運営するオンウェーブの角貝恵代表取締役)。

ある国立研究所でがんと免疫をテーマに研究をしていたBさんはこの11月に外資系製薬会社に転職した。「10社以上からオファーをもらい、応募から2日目にあっさり内定が出た」(Bさん)。就いたのは、MSL(メディカル・サイエンス・リエゾン)という職種だ。MRと同じく医師を相手にする仕事だが、営業職ではない。疾患領域でオピニオンリーダーとなる医師と、高度な専門知識を基に情報交換するのがメインの業務だ。

ＭＳＬは、専門知識を生かせることもあり研究職の転職では選択肢の1つになっている。新しい技術で開発され副作用が大きい薬も増えているため、ＭＲに比べると人員は少ないものの製薬会社も専門性の高いＭＳＬの部門を強化している。研究職も、これまでの研究を続けることにこだわらなければ選択の幅は広がる。

（石阪友貴）

変わるＭＲの転職事情

大規模な人員リストラが続いている製薬業界。研究職や開発職ももちろん例外ではないものの、製薬各社がまず手をつけるのがＭＲ職。当然、転職市場の主役はＭＲである。

一般に新薬メーカーの給与水準は高い。４０歳前後になれば年収１０００万円は超える。医薬品という特殊な製品を扱っていた「ヤメＭＲ」たちはどのようにして新天地を見つけているのだろうか。

「ここ数年の早期退職ラッシュで、４０代以上の登録が増えている。中でも、生活習慣病領域を担当していた方が多い」と、リクルートキャリアのキャリアアドバイザー・増間大樹氏は話す。

ほかの製薬会社に同じＭＲとして転職することを望む人が多いそうだが、ＭＲの人数全体が減る中で、それは簡単ではない。

「製薬会社は最近、生活習慣病領域には注力しなくなっている。そのため生活習慣病での経験が長いと企業からの求人が少なく、苦労する場合が多い。求人はがんなどの専門性が高い領域にシフトしてきてはいるが、絶対数自体が少ない」（専門職の転職支援会社「クイック」の人材紹介事業本部の香本牧子氏）。ただし、ＭＲの転職では若手が有利ということはなく、経験があって即戦力になる中堅以上も求人があるという。

医療関係の転職先が多いが、異業界・異職種も

—MRの有力転職業種マップ—

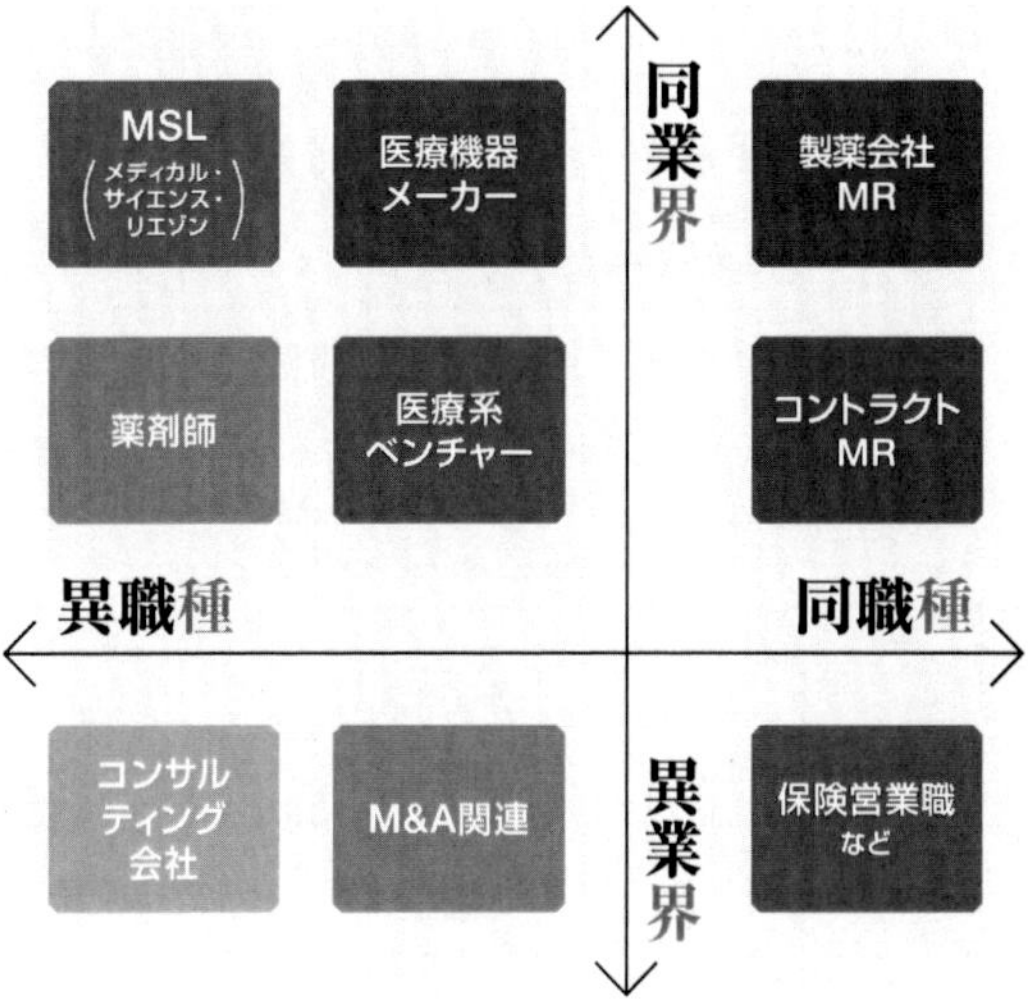

CSOが大きな受け皿

そこで、ヤメMRの大きな受け皿になっているのが、CSO（医薬品販売業務受託機関）に所属するMRだ。「コントラクトMR」と呼ばれ製薬会社に派遣されて働く。コントラクトMRの職務内容は製薬会社のMRと基本的に同じ。製薬会社にとっては、新薬を重点的に販売したり、自社では手薄な地域を補ったりできる。

コントラクトMRはそれまでのMRのキャリアがそのまま生かせる。実際に、大手CSOに勤め、コントラクトMRとして外資系製薬会社で働く20代後半の男性はこう話す。「同僚には40代後半から50代半ばくらいの製薬会社からの再就職組が多い。大手で営業所長を務めていたような人が、この数年のリストラに遭って転職してきたようなケースもある」。

ただ、大手製薬会社のMRからコントラクトMRへの転職では、年収の違いがネックになる。大手で管理職をしていれば、年収は1300万～1500万円だ。

一方、CSOでは「メーカーでの経験がある40歳でも600万円が相場。大手を早期退職して再就職するとなれば多くの場合で年収は約半分になると伝えると、かなり迷う人が多い」（オンウェーブの角貝恵代表取締役）。

製薬会社にとっては、コントラクトMRには営業部門の人数調整弁の役割がある。現在はニーズが高まっているとはいえ、MR職そのものに不安を持つ人もいる。

そこで、同じ医療業界の営業職ということで医療機器メーカーへの転職も1つのルートだ。「営業先がMRと同じ医師の場合も多く、医療機関を訪問する際の立ち回り方もわかっている。優秀なMRだと、担当地域内でどの医療機関を攻めれば成績が上がるかなどの戦略も立てられる」（クイックの香本氏）。

医療関連業界では、ベンチャーやIT企業という道もある。企業は数多くあるが、中でもいま最も勢いがあると関係者が口をそろえるのはエムスリー。医療情報サイトなどを運営する企業で、相次ぐ買収で業容を拡大している。

MRからエムスリーへの転職専門のコンサルタントも現れているほどだ。20年5月にエムスリー専門の転職サービス「KAERU－J」を立ち上げた山田創氏は、「とくに若手のMRが転職エージェントに相談すると、多くの場合で候補にエムスリーが挙がる。それなら特化しようと思った」と話す。山田氏自身も、国内系大手製薬会社でＭＲの経験がある。

薬剤師資格を持っているならばＭＲから薬剤師への転職もある。ここでもネックは製薬会社と比べると年収がダウンすることだが、それを我慢すれば転職はしやすい。

２０代から３０代の若手であれば、医療業界以外への転職も十分可能だ。３０代までであれば年収の水準も他業界と大きな違いがなく、心理的なハードルも低い。

中堅の国内系製薬会社のＭＲを数年務めた２０代後半のＡさんは、２０年５月に大手総合コンサルティング会社への転職に成功。年収は４５０万円から６５０万円にむしろアップした。

「１０人近くのヘッドハンターに相談したが、医療業界以外へのＭＲの転職は基本的には難しいと口をそろえて言われた。確かにＭＲは扱っている商材が特殊なので、そのノウハウは医療業界でしか通じないのかもしれない」（Ａさん）

Ａさんは ＭＲとして働いていたときに感じていた製薬業界の非効率さを解決できるとアピールして、コンサルタントに転じた。

「40代以下には前向きな転職のチャンスがある。だが50代になると事実上転職先が少ないため、自社へのしがみつきを勧める」と話すのは『MR進化論』などの著書がある瀬川融氏。業界のMR数が増えていた時代とは、転職事情も様変わりしているのである。

（石阪友貴）

武田薬品　6兆円買収の通信簿

武田薬品工業によるアイルランド製薬大手・シャイアーの買収。6・2兆円をかけた日本企業史上最大のM&Aが2019年1月に完了してから、およそ2年。買収前に6911億円だった純有利子負債は、買収後の19年3月末には5兆円超にまで膨張した。収益と負債のバランスは大きく悪化し、格付け会社ムーディーズは武田の格付けを3段階引き下げた。

この2年間、武田は買収の代償として膨らんだ負債の圧縮を進めてきた。シャイアーが欧州で販売していたドライアイ治療薬「シードラ」を最大およそ5500億円で売却。中東やロシア、ラテンアメリカで販売していた医薬品や、注力領域から外れている医薬品、つまり、非中核資産の売却を急ピッチで進めてきた。

非中核資産売却の総仕上げとしているのが、消費者が処方箋なしで購入できる大衆薬事業を展開する武田コンシューマーヘルスケア（TCHC）だった。同社は、栄養ドリンクの「アリナミン」や感冒薬の「ベンザ」などのロングセラーブランドを数多く擁する。20年8月に、米投資ファンドのブラックストーングループに約2400億円で売却することを発表した。

武田がTCHCの売却を考えているのではないかという観測は、16年にTCHCが武田本体から分社化された時点からすでに出ていた。当初、武田は「一般消費者が持っている武田ブランドへの認知度からも売却することはない」と説明していたが、徐々に「本業の医療用医薬品と相乗効果のない事業はノンコア事業に位置づけられる」と、売却を否定しないスタンスに変わっていった。

売却先候補として大正製薬ホールディングスも有力視されていたが、最終的には、「TCHCの雇用をいかに守れるかという視点でブラックストーンに軍配が上がった」（関係者）。

1＋1が2にならない

武田はシャイアー買収発表後に、負債を圧縮するために100億ドル（およそ1兆円）以上の資産を売却すると公表していた。TCHCの売却によって、資産売却の累計額は目標以上の113億ドル（1兆2000億円）に達した。20年9月末には、純有利子負債は4兆円にまで圧縮されている。

巨額負債圧縮の代償として、武田を代表する「アリナミン」ブランドの売却まで迫られたわけだが、はたして肝心のシャイアーとの相乗効果は生まれているのだろうか。医薬品のビジネスには長期の視野が必要になるとはいえ、少なくとも現時点での答えは「ノー」になるだろう。クレディ・スイス証券の酒井文義アナリストは「買収による1＋1が2以上になっていない」と指摘する。

第2四半期決算では、為替の影響などを除いた売上高の成長率は0・5％と、横ばいだった。

年間の売上高は3兆円を超え、グローバルトップ10のメガファーマの仲間入りをしてはいるものの、「1％以下という売上高の伸び率はメガファーマの中では最低水準だ」と、UBS証券などでアナリストを務めた経験があるファーマセット・リサーチの三島茂アナリストは指摘する。

足を引っ張っているのは、旧シャイアー品だ。同社最大の製品群だった血友病薬が20％も落ち込んでいるのが大きい。2017年11月に米国で発売になった、中外製薬・ロシュの開発した競合品が、武田などの従来品よりも大幅に使い勝手が改善されており、急速にシェアを奪っている。

さらに、武田は国内の工場で品質問題を起こす。米食品医薬品局（FDA）の査察で、武田の山口県光工場が製造上のルールを守っていなかったことが発覚。がん領域の主力製品である「リュープロレリン」が一時出荷停止に追い込まれた。当初横ばいを見込んでいた同製品の売上高は通年で15％減る見込みになった。

■ 大型買収と特許切れを繰り返してきた
―武田薬品工業の業績と主な出来事―

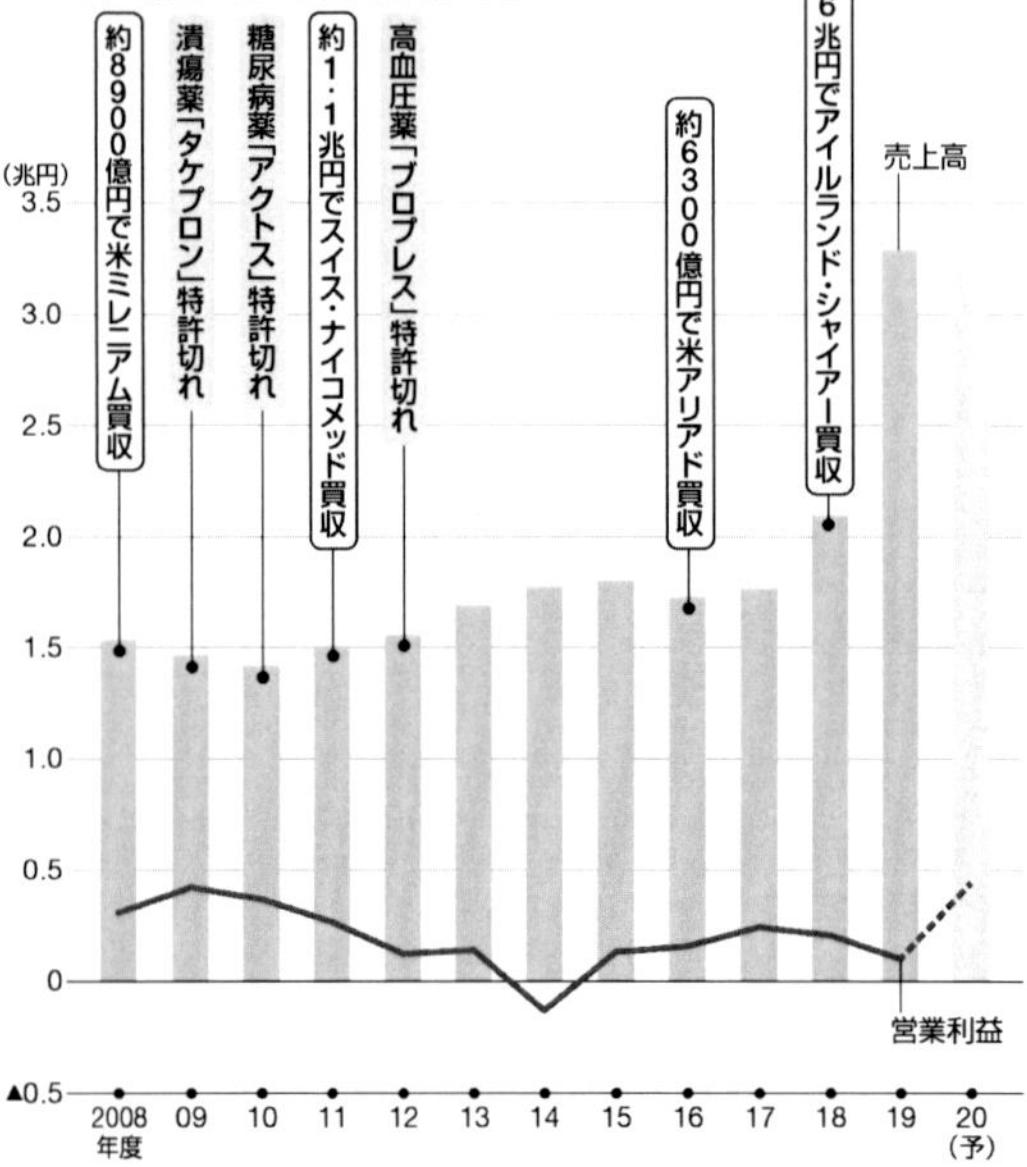

(注)2013年度以降はIFRS(国際会計基準)。20年度は会社計画。▲はマイナス
(出所)決算資料

繰り返す特許切れと買収

そもそもシャイアー買収に突き進んだのは、将来の成長に限界が見えていた中で、成長のために時間稼ぎをする必要があったからだ。

武田の業績は、2006年度の営業利益4585億円がピークだ。買収影響があってもなお、今期は4340億円での着地見込みで稼ぐ力が落ちている。

2006年度当時は、消化性潰瘍薬「タケプロン」や糖尿病薬「アクトス」など市場が大きい生活習慣病薬を中心に、自社で創り出した4つのブロックバスター（年間売上高が1000億円以上の大型薬）で稼ぎまくっていた。ここが武田の黄金期だった。だが、09年の「タケプロン」を皮切りに、黄金期を支えた大型薬は軒並み特許切れを迎え、価格の安い後発薬が浸透していき急速に売上高、利益とも落ち込んでいった。

だが問題なのは、それらに続く大型薬を自社で開発することができなかったことだ。武田は大型買収に活路を求めることになる。

タケプロンの特許が切れる前年には約8900億円で米ミレニアムを買収。その後も、約1・1兆円でのスイス・ナイコメッド、約6300億円での米アリアドと、大型買収が続いた。

これらの買収の中でも、時間稼ぎという点ではとくに08年のミレニアムの買収は成功だったといえるだろう。現在の武田の業績を支えている潰瘍性大腸炎薬「エンティビオ」の開発・販売につなげることができたからだ。

エンティビオは、20年度に4220億円の売上高を見込んでいる、武田の中で最大の製品だ。成長率も20%を超える優等生で、年々依存度が高まっていた。

が、ミレニアム買収で稼いだ時間を生かし切ることはできていない。エンティビオの特許は25年から世界各国で切れ始め、後発品が市場に出てくる。大黒柱喪失までのカウントダウンが始まっていたにもかかわらず、それに続く有望な新薬を開発できていなかったため、またしてもシャイアーという巨額買収によって、時間稼ぎが必要になったのだ。

加えて、エンティビオに次いで販売額の大きい旧シャイアー品のADHD治療薬「バイバンス／ビバンセ」（20年度2670億円見込み）も、23年から特許切れを控える。つまりこの先5年程度で、主力2製品の特許が相次いで切れるのだ。製薬業界では、主力薬の特許切れによって翌年以降の収益が急激に落ち込むことは「特許の崖（パテントクリフ）」と呼ばれる。武田はまさに、この崖に直面している。

では今回の時間稼ぎによって、中長期的にバイバンスやエンティビオの崖を乗り越えていくことが可能なのか。武田のウェバー社長は、「今後5年の間に12の新規候補を申請し、そのピーク時の合計売上高は1兆円を超える」と自信を見せる。

だが、株式市場からは「想定とは大きくギャップがある」（酒井アナリスト）、債券市場からも「1兆円はかなり野心的な目標」（ムーディーズの浅沼有紀子アナリスト）とみられているのが現実だ。

国内投資家を軽視？

株価には、こうした不安が如実に表れている。時価総額はシャイアー買収時の新株発行によって倍増したが、以降右肩下がりが続き2年で2割も下落している。20年2月には中外製薬、8月には第一三共と、売り上げ規模で劣る2社に相次いで抜かれ、今では業界3番手である。

武田は20年12月9日に行われた開発候補品の説明会で、30年度までに売上高5兆円を目指す野心的な目標を掲げた。開発中の睡眠障害薬などが牽引する。だがこの目標は開発候補品が、すべて成功した場合。ウェバー社長は「現実的な目標」と語ったが、一方で成功確率を勘案すると4兆円とのシナリオも提示した。5兆円という数字をアピールしたのは、株価低迷への焦りとも受け取れる。

株価が冴えない理由について前出の三島アナリストは「1年前は50%を超えていた外国人持ち株比率が、46%まで低下していることが気になる」と話す。その要因について、「海外の投資家向けにしか開示されていない情報の存在も大きいのでは」と指摘する。

その1つがSEC（米証券取引委員会）に提出された「20－F（年次報告書）」のみで開示されている、シャイアー買収時の多額の借入金に付された「財務制限条項」

をめぐる動きだ。

当初、同条項では国際協力銀行から借り入れた37億ドル（約4000億円）にいくつかの制限がつけられており、そのうちの1つが「2期連続で税引き前利益が赤字にならないこと」。もう1つが、EBITDA（利払い前・税引き前・償却前利益）と呼ばれる収益に対する有利子負債の比率を一定以下に保つことだった。例えば、20年度末には有利子負債をこの収益の4・3倍以下の水準にしなければならないとされていた。

これらの条件に抵触すれば4000億円の早期返済を求められるうえ、連鎖的に他行からの借入金の一部も早期返済しなくてはならなくなる「クロスデフォルト条項」までもついていた。

だが20年6月に提出された書類によれば、19年12月に武田側からこの条件の緩和を金融機関に申し入れていることがわかる。

武田の申し入れによって「2期連続で税前赤字にならないこと」という条件は削除された。収益に対する負債の比率も、20年度末に4・3倍以下だったものが4・7倍と緩くなっているのだ。日本の有価証券報告書ではそうした数値の開示は一切行われていない。

20年9月末時点で武田のその比率は3・7倍と、条件を十分クリアできる水準にあるため、この財務制限条項に抵触する可能性は低い。とはいえ、「こうした情報開示が国内の投資家にはされていないこと自体が問題」(三島氏)。

さらに懸念がある。投資家向けには、23年度末までにこの比率を2倍以下にすると掲げているにもかかわらず、借入先の金融機関向けの条件では3・75倍という契約にとどまっているのだ。ある国内製薬会社の元財務担当者は、「現状のペースでは、23年度に2倍を達成することは到底できないからだろう」と分析する。

そのことは、借入金を返済する原資となるフリーキャッシュフローを見れば明らかだ。武田が発表しているフリーキャッシュフローは、今期7000億~8000億円になる見込み。これは、営業活動で得たキャッシュから投資に使ったキャッシュを差し引きした、企業が実際に自由に使えるキャッシュの総額だ。

負債の返済原資に充てられるのは、そこから配当金や金利の支払いを行った残りの金額だ。武田の場合、利払いに1100億円、配当金に毎期2800億円の合計約4000億円が支払われている。そのため、今期でいえばフリーキャッシュフローとの差額である3000億~4000億円が負債の返済に充てられる金額となる計算。つまり今期のペースが続けば23年度末までの3年強でおよそ1兆円、負債を返済する余地がある。

だが前出のように、9月末時点での有利子負債は4兆円。今後の3年間で1兆円前後が圧縮できてもまだ3兆円が残る。ベースとなる収益は今期の1兆円程度から急に大幅に伸びることはないため、有利子負債に対するEBITDAの比率では3倍程度が限界ではないのか、という疑問が生じる。

売上高を伸ばすには限界があるため、負債削減のため残る方策はコストの圧縮。そのような状況で始まったのが、国内2000人強のMRのうち500人が退職したと噂される、大規模なリストラだ。武田の模索はこれからも続きそうだ。

(石阪友貴)

「国内投資を縮小するという発想はない」

武田薬品工業　取締役　ジャパンファーマ　ビジネスユニット　プレジデント・岩崎真人

――希望退職を募り、組織体制も大きく変えました。

体制は頻繁に変えている。コロナ禍だからどう、ということではない。大きいのは、日本で治療ニーズの高い疾患の内容が変わってきていることだ。われわれが力を入れていきたいのは、患者数や治療薬の選択肢が少ない希少疾患。がんや精神・神経疾患を強化する方向に舵を切った。

高血圧薬など生活習慣病の薬は注力領域からは外れているが、薬の販売を続けている限り不要だとか、そうじゃないとかの議論にはならない。ただリソースには限りがある。これまでも力の入れ方は変えてきたし、これからも変えていくだろう。

――研究所の移転や営業人員のリストラなど、グループ全体の中で国内事業は縮小されているように見えます。

国内の製薬企業の中でも、社内の位置づけでも、国内の武田がリーディングポジションを取り続けるという方針は変わっていない。必要な投資はこれからも当然していく。グループ全体の中では、国内事業の売上高比率が下がっているのは事実だ。だが、国内の比率に何の意味があるのかは逆にクエスチョン。米国事業は当然強化していくべきだ。世界で最大の市場だし、日本とは保険制度が違うから同じ形でのビジネスはありえない。革新的な新薬が生まれた場合でも、真っ先に使い始めるのは米国だ。新興国市場も経済が発展すれば伸びていくだろう。全体が大きくなった結果として日本のパイが小さくなっただけであって、あえて国内事業への投資を縮小していこうという発想はまったくない。

――株価が振るいません。どう受け止めていますか?

開発パイプライン（候補薬）の理解が進んでいないことが大きい。丁寧にわかりやすくパイプラインの可能性を説明してこられなかったのは反省している。売上高

1000億円を超えるような大型製品がいくつかあるとわかりやすいのかもしれないが、今まで治療薬が存在しなかったような疾患の薬を作っているので、市場からは理解されにくい部分があるのだろう。

――会社として、根本的な創薬力が衰えているのでは、という指摘もあります。

そういう風に外からは見えているのかもしれない。でも事実としてはそうではなくて、現在開発パイプラインにある候補薬には武田の自社研究から出てきた画期的なものも多い。決して外の企業から買ってきているものばかりではない。これまではこうした説明が十分にできていなかった。

研究所も、iPS細胞の研究などでは湘南の研究所はなくてはならないし、ボストンも研究の拠点として重要だ。

岩崎真人（いわさき・まさと）
1958年生まれ。東京薬科大学卒。85年入社。2008年に製品戦略部長、12年医薬営業本部長を経て取締役就任。15年4月から現職。

独自技術で大型薬を開発

中外製薬　「時価総額1位」の必然

武田薬品をはじめ苦闘が続く製薬業界にあって、数少ない勝ち組といえるのが中外製薬だ。時価総額でそれまで首位だった武田を２０年３月に逆転。以降、業界内でトップを走っている。時価総額は８兆円前後で推移しており、２年前に比べて倍の水準になっている。全上場企業の中でも９位という位置につけているほどだ。同社の小坂達朗会長兼ＣＥＯは「市場で最も評価されているのは創薬力だ」と言い切る。

実際に、現在の業績を牽引するのは、自社で創薬した血友病薬の「ヘムライブラ」だ。血友病は一度出血すると血が止まりにくくなる病気。このヘムライブラは中外製薬の抗体医薬の技術を使って開発した製品だ。投与が簡単にでき、かつ効果が持続するため投与回数が少なく済むなど既存の血友病薬に比べて使い勝手が大幅に向上している。そのため、武田が買収したシャイアーが持っていた既存製品などから急速にシェアを奪い、拡大しているのだ。

過去には、国産初の抗体医薬として知られる関節リウマチ薬の「アクテムラ」を2005年に発売、14年には抗がん剤の「アレセンサ」を投入するなど、継続的に大型新薬の開発に成功してきた。

業績は絶好調で、20年度も最高益更新の見込みだ。とはいえ、同社の売上高は7000億円ほど。業界内では6番手と中堅レベルの規模で、中長期的に新薬を生み出す成長エンジンの指標になる研究開発費は年間1150億円（20年度見込み）と、武田（4480億円）やアステラス製薬（2335億円）などに比べると劣っている。

ロシュとの提携で飛躍

会社の規模や成長エンジンの大きさで劣る同社が新薬をコンスタントに出し続けられ市場からの評価も高いのは、ビジネスモデルの中心に世界最大手の製薬会社であるスイス・ロシュとの提携を据えているからだ。

ロシュと提携したのは2002年のこと。株式の過半数を握らせてロシュの傘下に入りながらも、上場と経営の独立は維持するという内容だった。「(本当に独立が守れるのかなど)当時は外部からケチョンケチョンに言われた」(小坂CEO)提携内容だったが、結果的に提携後から業績は飛躍的に拡大することになる。

提携前に比べ、売上高は3・5倍、営業利益に至ってはなんと10倍に拡大した。「研究開発の方向性や経営の内容に口を出されることはない」(小坂CEO)と、提携後も独立した関係が続いている。

提携することで生み出されるメリットは大きく分けて2つ。1つは、創薬技術そのものの研究や、第1相から第2相の臨床試験に資源を集中的に配分できることだ。

3段階ある臨床試験は、後期になるほど患者数が増えて大規模になる。最終の第3相では多額の資金が必要で、試験期間が数年単位に及ぶ。中外は、費用や時間のかかるこうした治験をロシュと共同で行っている。そのため、見かけ上の研究開発費は競合他社に比べて少なくても、創薬研究に集中的に費用を投入できるのだ。

もう1つのメリットは、ロシュやグループ会社の米ジェネンテックが開発した製品を日本で独占的に販売できること。ロシュの研究開発費は年間1兆円を超える。自社で新薬を出せない間も、世界トップクラスの研究開発企業から生み出された医薬品を、自社の製品群に加えることができる。「大型薬の特許切れが迫るたびに焦って会社や薬の買収をするという、製薬会社にありがちなサイクル」(国内製薬会社幹部)に陥ることがないのだ。

また、逆に自社で開発した薬剤はロシュの強力な販売網を通して販売し育ててもらえることで、販売網にかかる重い固定費を自社で負担しなくて済むのも大きい。

ロシュへの輸出とロイヤルティーが業績を牽引
―中外製薬の売上高構成比―

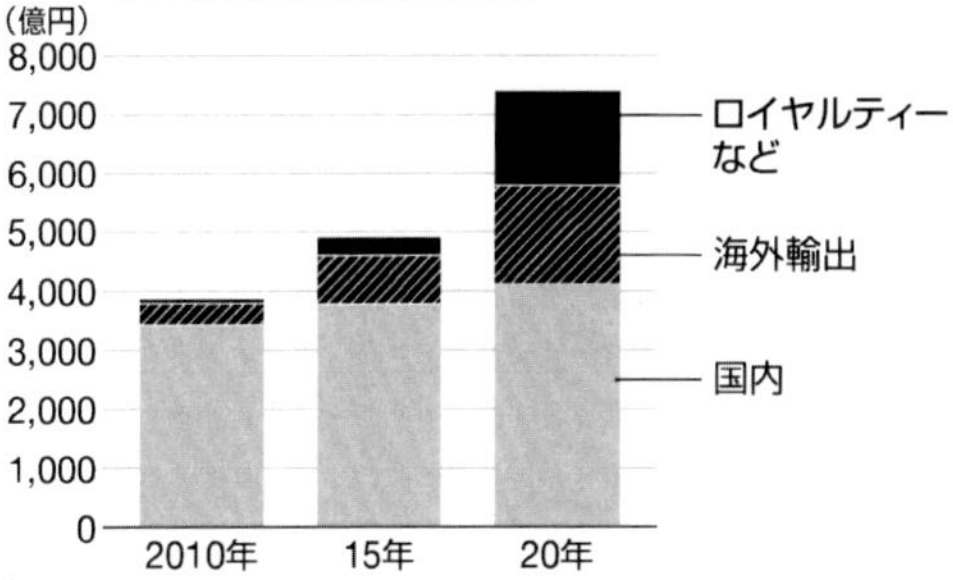

(注)各12月期。2020年は予測　(出所)決算資料

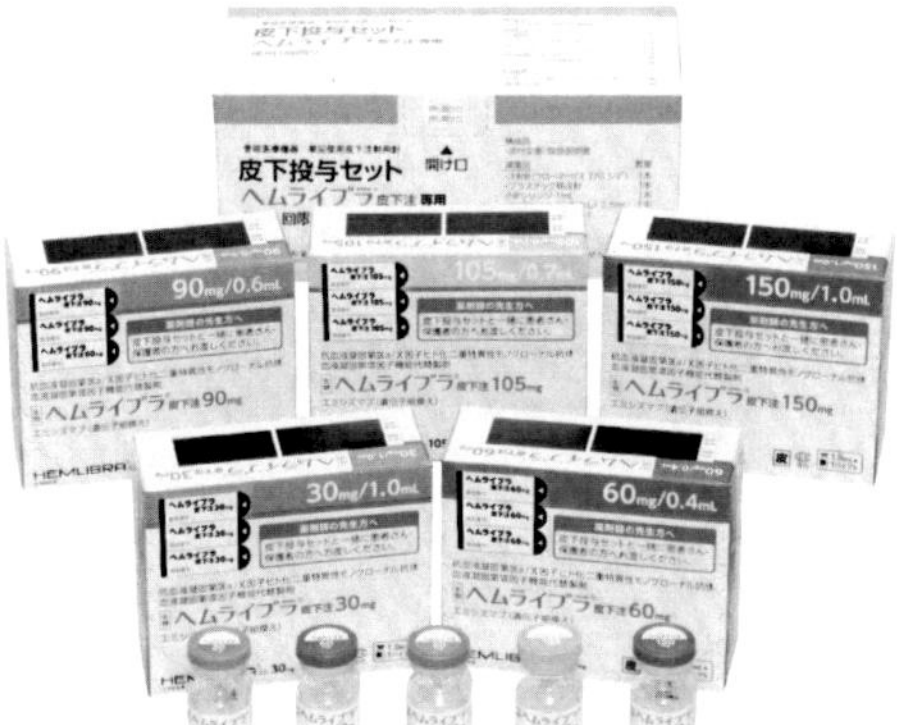

血友病薬の「ヘムライブラ」が売れている

抗体技術をライセンス

ヘムライブラに続く次世代の抗体医薬も登場し始めている。20年8月には、自社開発した「リサイクリング抗体」という技術を世界で初めて使った薬を発売。抗体が体内で作用できるのは本来1度のみだが、この技術では何度も抗体が体内で活躍することができ、薬効を大幅に長もちさせられる。

技術そのものを他社に販売する動きも出てきた。20年10月には、薬剤の開発に活用してきた抗体改変技術のライセンスをデンマークの製薬大手ノボ ノルディスクファーマなどへ供与することを発表した。今までに計4社とこうした契約を結んでいる。

「この技術で他社が薬の開発に成功すれば、売上高に応じたロイヤルティー収入が見込める」（R&Dポートフォリオ部長の広瀬稔氏）。これも、ロシュとの提携で創薬の技術そのものの開発に投資してきた成果だといえるだろう。

18年には、ロシュとの提携をまとめ上げた創業家の永山治会長が退任し、経営の第一線を退いている。さらに20年3月には、CEOを務める小坂氏が社長から会長に変わり、開発畑の奥田修氏が社長兼COOに就任した。

ロシュとの歴史的な提携から18年。当時のもくろみは足元ではうまくいっている。こうした良好な関係を続けられるかどうかは、中外が創薬研究の成果を出し続けられるかに懸かっている。

（石阪友貴）

「創薬研究に資源を集中する」

中外製薬　会長兼ＣＥＯ・小坂達朗

――時価総額で製薬業界トップになりました。

一番のキーは高い創薬力を持っていること。現在、世界の医薬品市場で主流の抗体医薬では世界トップの技術力だと自負している。さらに、中分子という、低分子と抗体医薬のいいとこ取りができる創薬技術を次の柱にしようと取り組んでいるところも評価されているのではないか。

――ロシュが海外で販売した製品のロイヤルティー収入が収益を支えています。国内の重要性は以前より低下している？

中外製薬は日本の会社だ。世界では米国、欧州に続く第3位の市場でもあり、その重要性は変わらない。自社で創った薬を販売するのに加えて、ロシュやグループ会社のジェネンテックが創製した薬剤を、日本で承認を取って販売している。グループ間でのバランスも重要だ。

――創薬ではデジタルシフトを打ち出しています。

経営の中心はあくまでもイノベーションだ。単なる業務効率化ではなく、ＡＩを活用して画期的な薬を生み出すことが最終的な目標。抗体医薬では、抗体の構造設計で研究者の経験や知識に頼っていて試行錯誤が多かった。だがこの分野はＡＩと非常に相性がよい。人材の獲得はなかなか難しいが、並行して社内教育にも力を入れていく。

営業体制などは効率化する一方、創薬研究から初期の臨床研究までの段階に資源を集中していく。経営資源の配分は経営として大きな判断の1つだ。あくまでもイノベーションに特化する、というポイントを大事にしていく。

小坂達朗（こさか・たつろう）

１９５３年生まれ。北海道大学農学部卒業。７６年入社。２００２年執行役員経営企画部長、１２年社長ＣＯＯなどを経て１８年社長ＣＥＯ。２０年３月から現職。

第一三共　がん新薬で反転攻勢

製薬業界で時価総額トップの座を中外製薬と争っているのが第一三共だ。20年1月に米国、5月には日本で乳がん向けに発売されたばかりの、同社が創製した新しいがん治療薬「エンハーツ」への期待が高まっている。

年間売上高1000億円超えが大型薬の目安とされている製薬業界にあって、エンハーツの売上高はピーク時には5000億円を超えると予想する市場関係者も少なくない。発売初年度の売上高は324億円にまでなる見込みで、今後は〝超〟がつくほどの大型薬として、第一三共の大黒柱となる可能性を秘めている薬だ。

2020年度は研究開発費が膨らむため大幅な減益を見込むが、株式市場はその先の成長を見ている。

統合成果の新技術

エンハーツが特徴的なのは、第一三共が自社で温めてきた創薬技術を使って生み出された「ＡＤＣ（抗体薬物複合体）」と呼ばれるタイプの薬だからだ。

ＡＤＣとは、名前のとおり「抗体」に「薬物（従来の抗がん剤）」を結合させたもの。抗体は直接がん細胞に結合できる運び屋のようなもので、ピンポイントでがん細胞を攻撃する。ＡＤＣは抗体のみの治療よりも有効性が高く、がん細胞以外も攻撃してしまう抗がん剤だけの治療よりも副作用が少なく済むというメリットがある。

ＡＤＣと同種の技術を用いた医薬品はすでにあるが、第一三共の技術では他社製品より多くの薬物を安定的に抗体に結合させられるのが強みだ。「旧三共が持っていた抗体の技術と、旧第一製薬が持っていたペイロード（薬物）の技術を組み合わせて、１０年かけて開発してきた」（眞鍋淳社長兼ＣＥＯ）。

２００５年に第一製薬と三共が統合して以来、社長や会長などトップには旧第一と旧三共出身者が交互に就いてきた。「幹部クラスでもいまだに、たすき掛け人事が続いている」（第一三共OB）。その中にあって、エンハーツの成長は「統合で生まれた技術によって開発された薬が業績を牽引するという、美しいストーリー」（製薬業界関係者）なのである。

この技術は統合の美談というだけでは終わらず、メガファーマからも熱視線が送られている。

エンハーツでは、発売前の19年3月に英製薬大手のアストラゼネカと開発・販売で提携している。契約一時金の約1500億円を含め、開発や販売が進むごとに最大で7600億円を受け取るという大型の契約だ。

ADCの技術の肝は、抗体と薬物の結合方法にある。そのため、抗体と薬物の組み合わせを変えることでほかの薬を生み出すことも可能だ。実際に第一三共は現在、エンハーツのほかに2つのADCの技術を用いた治療薬の開発にも力を入れている。

20年7月には、そのうちの1つ「DS‐1062」でも同じくアストラゼネカとの提携を発表。契約内容の大枠は前回のエンハーツと同じで、最大で約6300億円を受け取るという、こちらも大型の契約だ。

エンハーツは臨床試験が終わり、当局への承認申請直前のタイミングでの提携だったのに対し、DS－1062はまだ臨床試験の第1相と、より早期の段階で提携にこぎ着けている。「開発品としての質の高さが海外のメガファーマから評価されたことの意味は大きい」（証券アナリスト）。エンハーツとDS－1062の2つで、1兆円を優に超える評価を受けたことになる。

第一三共の業績は統合以来、長らく伸び悩んできた。とくに痛かったのは、08年の、インド後発薬最大手のランバクシー・ラボラトリーズの買収だ。約5000億円を投じ、新興国での販売網や後発薬事業の拡大を狙ったものだったが、インド国内の工場の品質管理体制に欠陥があった。米国から禁輸措置などの処分を受け、多額の損失を計上。15年にはランバクシーを売却し、後発薬・新興国市場からは撤退となった。

第一三共は、2025年までに「がんに強みを持つグローバル創薬先進企業」になることを掲げる。だが、買収の失敗などで海外展開では武田薬品工業などの競合に先を越されていたうえ、成長市場であるがん領域での存在感はないに等しかった。がん領域で海外に打って出るための橋頭堡になるのがエンハーツであり、DS－1062をはじめとしたほかのADCの治療薬という位置づけなのだ。

■ **利益は伸び悩んでいる** —第一三共の業績推移—

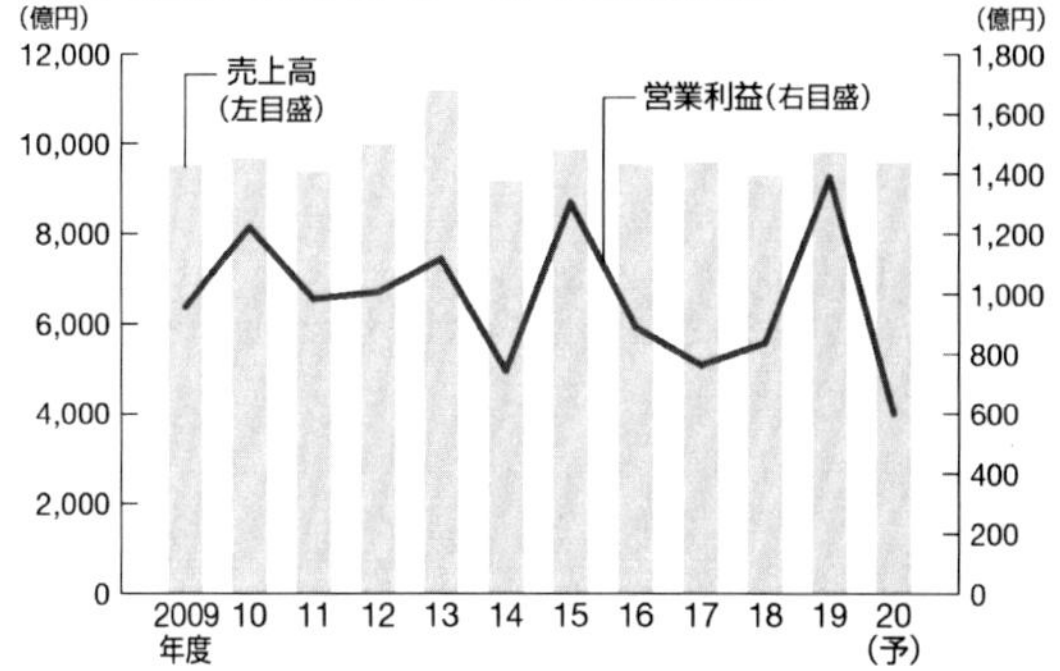

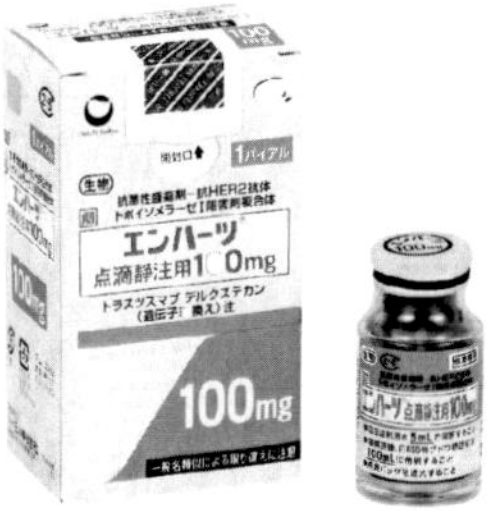

「エンハーツ」は新しいタイプの抗がん剤

順風満帆に見える同社だが、ここにきて新たなリスクも浮上してきた。米国のバイオ企業シアトル・ジェネティクスが、「第一三共のエンハーツに使われている技術はわれわれが持つ特許を侵害している」として、20年10月に米国で特許侵害訴訟を起こしたのだ。

シアトル社と第一三共は2008年からADCの共同研究を行っていたが、そこから臨床試験に進んだ治療薬候補はなく、提携は15年に終了している。今回の訴訟は、この共同研究での取り決め内容が遠因になっているとみられる。

第一三共はこの訴訟について「シアトル社の特許の成立については疑問を持っているし、成立していても侵害しているとは思わない」(眞鍋氏)というスタンスだ。

特許で守られている医薬品ビジネスには特許紛争がつきものだ。とはいえ、会社の業績を大きく左右することになりかねない訴訟だけに波乱含みだ。

(石阪友貴)

「ADCの〝次〟を出したい」

第一三共 社長兼CEO・眞鍋 淳

――第一三共として初めての自社創薬のがん治療薬「エンハーツ」が発売になりました。

ADC（抗体薬物複合体）の薬は、開発に着手してから10年かかっている。がん領域へのシフトを打ち出したのは2015年末だった。当時、がん領域では自社開発の経験もなく、かなり厳しいだろうと周りからは思われていたはずだ。ただし、あの時点で何もなかったわけではなく、研究段階で成功も失敗もした中から、強みになりそうなものに集中して育ててきた。

がん領域では他社の買収も考えたが、企業によってすでに値段の相場があってどこも代わり映えがしない。メガファーマならいくつも買って成功確率を上げていけばいいかもしれないが、われわれの規模だとその方法では生き残れない。

――以前共同研究を行っていた企業から、ADC技術の訴訟を起こされています。

向こうのクレームが正当だとは思っていない。訴訟になるのは、われわれの技術に価値があると思っているからこそだろう。小野薬品のオプジーボもしかり、価値のあるものを持っている会社にはこういうリスクがつきものだ。

――今の課題は何ですか?

今開発しているADCの〝次〟をいかに育てるかが、今後5年の課題だ。他社からの開発技術や製品の導入を否定はしないが、やっぱり自社から出したい。経営としては次の薬の種が出てくると信じて、研究開発に投資し続ける。

眞鍋　淳（まなべ・すなお）

1954年生まれ。東京大学農学部卒。78年に三共入社。2005年に安全性研究所長。16年副社長・人事本部長を経て17年に社長COO。19年6月から現職。

アステラス「次の柱」が足りない

2005年に山之内製薬と藤沢薬品工業が合併し誕生したアステラス製薬。かつては製薬再編の「優等生」とみられてきたアステラスだが、この数年は停滞感が漂っている。

20年度第2四半期も営業利益は前年同期比46%減の869億円。英アストラゼネカが製造元のぜんそく薬「シムビコート」の販売提携が終了したことや、消炎鎮痛剤「セレコックス」の特許が切れ、後発品が登場したことなどが響いた。

当分は大看板の前立腺がん治療薬「イクスタンジ」が収益を支える。イクスタンジは20年度の売上高が4600億円超と前年度から約2割伸びる見込みだ。ただしイクスタンジは26年には北米の特許が切れる。これに代わる「次の柱」の育成が急務となっているが、その道筋はまだ見えない。

第2四半期の決算説明会では、抗体薬物複合体の新薬「パドセブ」のピーク時売り上げ予測を最大4000億円に引き上げた。米シアトル・ジェネティクスと共同で、尿路上皮がんなどの治療薬として開発が進む。会社側の期待は大きいものの、イクスタンジの穴埋めになりうるかはまだわからない。時価総額は中外製薬や第一三共に大きく劣後する。株式市場もその成長力にまだ懐疑的だ。

新戦略で創薬に注力

手をこまぬいているわけではない。18年に就任した安川健司社長兼CEOは研究開発で新たな戦略を打ち出している。疾患からのアプローチに限定せず、創薬技術や病態メカニズムを組み合わせて、有望な薬の種を探すという取り組みである。その結果、有望分野だと判断されれば、人材や資金などが優先的に投入される。

20年11月時点では、がん免疫や再生細胞、遺伝子治療など4つを有望と認定。

世界の製薬大手がしのぎを削る最先端の研究開発で、日本の製薬会社には珍しく、がちんこで、勝負を挑んでいる。そのために共同研究やM&A（合併・買収）にも前向きだ。

18年には将来の投資分も含め総額460億円を投じ、がん免疫薬の米バイオ企業ポテンザ・セラピューティクスを買収したが、とくに積極的に仕掛けているのが遺伝子治療の分野だ。20年1月の、遺伝子治療のバイオ企業オーデンテス・セラピューティクスの買収は3200億円の大型案件になり、世界の製薬業界からも注目された。

アステラスは次世代研究開発を強化する
―遺伝子治療薬を中心にした買収・提携―

2018年	2月	再生細胞医療の米ユニバーサル・セルズを買収
	3月	腫瘍溶解性ウイルスの開発・商業化で**鳥取大学**と独占的ライセンス契約
	8月	緑内障など眼科疾患遺伝子治療のバイオベンチャー・**英キューセラ**を買収
	9月	孤発性ALS対象の遺伝子プログラムで**遺伝子治療研究所**とオプション契約
	11月	便失禁に関する、DNAプラスミドを使った遺伝子治療で**米ユベンタス・セラピューティクス**とオプション・ライセンス契約
	12月	がん免疫のバイオ企業・米ポテンザ・セラピューティクスを190億円で買収（ほかに最大270億円支払いも）
2020年	1月	アデノ随伴ウイルスベクターを活用した希少神経疾患など遺伝子治療のバイオベンチャー・**米オーデンテス・セラピューティクス**を3200億円で買収
	5～8月	米オーデンテスの遺伝子治療治験で3人が死亡、治験差し止めに
	10月	ポテンザのがん免疫プログラム開発中止で約300億円の減損計上

（注）**黒太字**は遺伝子治療分野の買収・提携

ただし、研究開発が一筋縄ではいかないのがこの業界。オーデンテスの開発候補薬のうち最も先行し、世界中の研究者からの注目度が高かったプログラムの米国治験では第2相段階で3人の被験者（幼児）が死亡し、20年夏から治験が止まっている。20年中の治験完了・申請というもくろみは狂った。

ポテンザのがん免疫薬候補でも期待した効能が出ずに開発中止に追い込まれ、この第2四半期に約300億円を減損計上した。アステラスの将来像はまだ見えてこない。

（大西富士男）

エーザイ　認知症薬「風前の灯」

２０２０年１１月６日はエーザイにとって特別な日になった。

米食品医薬品局（ＦＤＡ）に新薬承認などで意見勧告する諮問委員会が、エーザイと米バイオジェンが共同開発するアルツハイマー病（ＡＤ）治療薬「アデュカヌマブ」の有効性に「ノー」を突きつけたのだ。ＦＤＡは諮問委員会の勧告を守る義務はないが、従うことが大半だ。とりわけ今回は委員のほとんどが否定的な立場だ。２０２１年３月に予定されるＦＤＡの決定で、承認を得ることはかなり難しくなった。

実はＦＤＡは事前の公表文書では承認に極めて好意的な姿勢を示していたため、エーザイ、バイオジェンの日米両社の株価は急騰していた。しかしこの結論が出た途端、株価は急落した。

半端でない入れ込み

エーザイはこれまでＡＤ治療薬に経営資源を集中的に投入してきた。それだけにＦＤＡの承認がなければ経営に大きな打撃となる。

最近でも内藤晴夫ＣＥＯが日経産業新聞のインタビューで「認知症薬とともに生きて死ぬ」と語るほど、エーザイはＡＤ治療薬には入れ込んできた。

アデュカヌマブはもともとバイオジェンが開発してきた。これにＡＤ治療薬で実績のあるエーザイが自社開発の候補品「ＢＡＮ２４０１」などを加える形で共同開発を進めてきた。米国のメルク、イーライリリー、ファイザーやスイスのロシュなど、世界の有力製薬会社が開発に失敗する中で、現在はエーザイとバイオジェンが世界のトップを走る。

アデュカヌマブの治験は複雑な経過をたどってきた。いったんは有効性がないと判断され、治験が中止になったが、ほぼ半年後に追加解析で復活。第３相段階の、同じ試験デザインの２つの試験で、一見すると相反するデータが出たため専門家の間で激しい議論があった。最終的には開発中の2社が2つの試験を総合的に見れば有効性があると判断し、それをFDAが受け入れて審査がスタートするという異例の展開となった。

現在承認されている認知症治療薬は症状を一時的に緩和するだけの弱い効能しかない。一方、アデュカヌマブは、これら既存薬とは作用機序（作用の仕組み）が異なり、治療効果が格段に優れるとされる。仮に承認されれば世界初、年間1兆円の売り上げの予測もあるほどの夢の新薬だ。

承認されれば、売り上げで国内製薬5位の序列上昇の目が出るだけでなく、世界の製薬業界での重要度も上がる。しかし失敗すれば、AD治療薬に経営資源を集中しているだけにその影響は甚大だ。

「BAN2401」は現在第3相で承認申請はまだ先だが、アデュカヌマブと同じ仮説・作用原理の同類薬だけに、アデュカヌマブが承認されなければ、日の目を見ることはないとの見方が有力だ。

米メルクと共同開発を行い、年間売り上げが1000億円を大きく上回るようになった抗がん剤「レンビマ」を擁するとはいえ、それだけでは国内の有力な製薬会社の1つにとどまる。ここにとどまることなく、内藤CEOの悲願である世界的にも類を見ない、認知症で突き抜けた異色製薬企業に変身できるか。いまエーザイは大きな岐路にある。

（大西富士男）

【週刊東洋経済】

本書は、東洋経済新報社『週刊東洋経済』2020年12月19日号より抜粋、加筆修正のうえ制作しています。この記事が完全収録された底本をはじめ、雑誌バックナンバーは小社ホームページからもお求めいただけます。

小社では、『週刊東洋経済eビジネス新書』シリーズをはじめ、このほかにも多数の電子書籍ラインナップをそろえております。ぜひストアにて「東洋経済」で検索してみてください。

『週刊東洋経済eビジネス新書』シリーズ

No.339　MARCH大解剖

No.340　病院が壊れる

No.341　就職氷河期を救え!

No.342　衝撃! 住めない街

No.343　クスリの罠・医療の闇

No.344　船・港　海の経済学
No.345　資産運用マニュアル
No.346　マンションのリアル
No.347　三菱今昔　150年目の名門財閥
No.348　民法&労働法　大改正
No.349　アクティビスト　牙むく株主
No.350　名門大学　シン・序列
No.351　電機の試練
No.352　コロナ時代の不動産
No.353　変わり始めた銀行
No.354　脱炭素　待ったなし
No.355　独習　教養をみがく
No.356　鉄道・航空の惨状
No.357　がん治療の正解

No.358　事業承継　M&A
No.359　テスラの実力
No.360　定年消滅
No.361　激動の半導体
No.362　不動産　勝者と敗者
No.363　弁護士業界　最前線
No.364　YouTubeの極意
No.365　デジタル大国　中国
No.366　地銀　大再編
No.367　おうちで稼ぐ!
No.368　老後マネーの育て方

週刊東洋経済eビジネス新書　No.369
製薬　大リストラ

【本誌（底本）】
編集局　石阪友貴、長谷川　隆、田中理瑛、大西富士男
デザイン　小林由依、池田　梢
進行管理　三隅多香子
発行日　2020年12月19日

【電子版】
編集制作　塚田由紀夫、長谷川　隆
デザイン　市川和代
制作協力　丸井工文社
発行日　2021年9月16日　Ver.1

発行所　〒103-8345
東京都中央区日本橋本石町1-2-1
東洋経済新報社
電話　東洋経済コールセンター
03(6386)1040
https://toyokeizai.net/
発行人　駒橋憲一

電子書籍化に際しては、仕様上の都合などにより適宜編集を加えています。登場人物に関する情報、価格、為替レートなどは、特に記載のない限り底本編集当時のものです。一部の漢字を簡易慣用字体やかなで表記している場合があります。本書は縦書きでレイアウトしています。ご覧になる機種により表示に差が生じることがあります。